Barbara Cratzius

und noch viel mehr

Mit vielen Illustrationen von Gertrud Schrör

Herder Freiburg · Basel · Wien

Die Jahreszeiten erleben und gestalten mit *Barbara Cratzius*

Monatsreihe:

Ein ganzes Jahr – und noch viel mehr

Band 1: September – Februar (Best.-Nr. 21 996)

Band 2: März – August (Best.-Nr. 21 997)

Jahreszeitenreihe:

Frühling im Kindergarten

(Best.-Nr. 21 261)

Sommer im Kindergarten

(Best.-Nr. 21 262)

Herbst im Kindergarten

(Best.-Nr. 21 263)

Winter im Kindergarten

(Best.-Nr. 21 264)

Jeder Band 128 Seiten

Die Lieder dieses Buches von Klaus W. Hoffmann und Paul G. Walter
sind zusammengefaßt in der Begleit-Kassette
„Ein ganzes Jahr – und noch viel mehr“ (zusammen mit Teil 1).
Sie können diese MC käuflich erwerben bei
Musikbär Verlag Paul G. Walter, Eichenweg 15 a, 6905 Schriesheim, Telefon: 06203/63775.

Weitere Autoren, deren Texte in dieses Buch aufgenommen sind:
G. Erhardt und E. Scharafat.

Notengrafik: Herbert Ring
Einband- und Textfotos: Hartmut W. Schmidt
Einbandgestaltung: Herbert Becker

Herstellung: Freiburger Graphische Betriebe 1991
ISBN 3-451-21997-2

Ein ganzes Jahr und noch viel mehr

März, Frühlingsanfang – mit diesem Monat beginnt der 2. Band unseres Jahrbuches. Pflanzen und Tiere erwachen. Wir können mit den Kindern hinausziehen, die ersten krabbelnden Marienkäfer beobachten und mit den Fingern über die weichen weißen Weidenkätzchen streichen.
Wir können Frühlingsrezepte ausprobieren, Hasenlieder singen und die Raupe Nimmersatt basteln.
Spiel- und Bastelideen für den Muttertag und für die Sommerfeste bereichern diesen zweiten Teil der fröhlichen Reise durch die Monate. Natürlich darf auch der Kasper mit seinen lustigen Streichen nicht fehlen. Die Kasperspiele zeigen, daß der Kasper mit seinem verschmitzten Lachen auch ernste Probleme wie Umweltverschmutzung und Schulangst anpacken kann.
Auch dieses Buch möchte Ihnen eine Fundgrube an vielseitigen Aktivitäten bereitstellen. Von Monat zu Monat finden Sie ein breitgefächertes Angebot von ganz neuen, im Kindergartenalltag erprobten Ideen:

- Vorlesegeschichten und Fingerspiele,
- Kasperspiele,
- viele Bastelüberraschungen,
- leckere Vollwertrezepte für den Kinderkreis,
- neue Lieder für Kreisspiele,
- Rätsel ... Rätsel ...
- und natürlich viele Bilder zum Betrachten, Erzählen und Sichfreuen.

Jeder Monat im bunten Kinderjahr breitet eine Fülle von Anregungen und Spielideen aus, die die schöpferischen Kräfte Ihrer Kinder wecken können.
Die Vorlesegeschichten lassen sich mit den Kindern auf verschiedene Weise nachgestalten:

- als Klang-Geschichten (mit Orff-Instrumenten),
- als Rollenspiele,
- als Fingertheater auf dem Tisch,
- als gemalte Bildgeschichten.

Ich möchte Kindern, Erziehern und Eltern zurufen: Spielt, bastelt, singt und tanzt mit durchs lange schöne bunte Kinderjahr!

Barbara Cratzius

Inhalt

Vorwort:
Ein ganzes Jahr und noch viel mehr 5

März 10

April 28

Mai 46

Juni 68

Juli 88

August 112

Unter den obigen Kapitelüberschriften finden Sie an den angegebenen Seiten viele Texte und Gestaltungsvorschläge in der Reihenfolge des Buches.

Das nachfolgende Inhaltsverzeichnis will ihnen durch die Ordnung nach Stichworten die Suche nach bestimmten Texten und Gestaltungsvorschlägen erleichtern.

ABZÄHL-(EINZÄHL-)VERSE – WORTERGÄNZUNGEN – REIME

Lirum – larum – Löffelstiel 14
Eine Schneckengeschichte 16
Der Schmetterling ist zart und fein 36
Schnee im April 36
Hört – hört – alles läuft heut ganz verkehrt 37
Ene – mene – Pusteblume 52
Der Storch kommt von Afrika zurück . . . 56
Eine bunte Seifenblase 57
Kannst du reimen? 71
Bimmel, bammel, beier 71
Ich habe einen roten Luftballon 91
Sterne, Mond und Sonne 95
1 – 2 – 3, im Gras 115

BASTELVORSCHLÄGE

(Herstellen verschiedener Dinge)

Wir basteln für den Ostertisch (Krabbelnder Marienkäfer, Grüne Ostereier) 22
Die Pflanzen erwachen (Tischschmuck im Frühling) 24
Mobile im Frühlingswind (Vögel am Futterhaus) 25
Mit Lust und Geschick (Osterhasen, Kleine dicke grüne Raupe) 44
Muttertagsherz mit Blüte, Geschenkkästchen, Blumen im Blumentopf 65
Sag mir, wieviel ist die Uhr? 82
Lustiger Bastelspaß (Korken-Enten im Teich, Schafe auf der Weide) 85
Wir haben keine Langeweile (Pferdchen aus Papier, Ein bunter Flickenteppich, Fliegender Vogel, Blütenkappen für das Sommerfest) 108
Kleine Basteleien für den Sommer (Lustige Krähe, Klammer-Segler) 126
Transparentbilder 44

BAUERNREGELN – VOLKSGUT

Alte Bauernregeln und Volksgut
für den März 10
für den April 28
für den Mai 46
für den Juni 68
für den Juli 88
für den August 110

BEWEGUNGSSPIELE

Kleines Eisenbahnspiel 20
Die Geschichte von den Tieren in der großen Arche 40
Ritter – ratter – Eisenbahn 102
Kleines Bewegungsspiel 125

BILDHAFTES GESTALTEN

Malspiel im Sommer 81
Malspiel vom Tausendfüßler 81
(Siehe auch unter GEDICHTE: Wir malen ...)

ERZÄHLUNGEN – GESCHICHTEN

Das kleine Wunder am Bachrand 12
Das Nest in der Tanne 30
Eine Schmetterlingsgeschichte 34
Der Hasentanz auf der Wiese 48
Die Geschichte von dem vorwitzigen Igelkind 49
Die Geschichte vom kleinen faulen Schwalbenkind 52
Die Störche sind wieder da 70
Die Geschichte vom Sperling, der bunte Federn haben wollte 72
Der kleine freche Schwalberich 73
Besser als viele Ampeln! 90
Die Geschichte von der kleinen gelben Katze 92
Der stärkste Mäusekater 112
Michael und Axel 113
Eine tolle Erfindung 116

FINGER-(HAND-)SPIELE

Wo sind unsere Fingerchen? 18
Spiel vom Spiegelhäschen 19
Spiel vom Schmetterling 21
Auf dem riesenhohen Berg 21
Wenn Igel sich küssen 58
Kommt ein Schmetterling geflogen 60
Fünf Schwalben 61
Fingerspiel von Quik und Quak 61
Fingerspiel von den Fröschen 62
Fingerspiel von der fleißigen Biene 84
Fünf weiße Löwenzahnbälle 105
Spiel vom Segelschiffchen 106
Komm – wir wollen Kirschen pflücken! . . 125

GEBETE – DANKLIEDER

Wir beten und singen 27
Danklied im März 27
Wir beten im April 45
Danklied im April 45
Wir beten und singen im Mai 67
Danklied im Mai 67
Wir beten und danken 87
Danklied im Juni 87
Wir danken und beten 109
Danklied im Juli 109
Wir beten und danken 128
Danklied im August 128

GEDICHTE

Jetzt kommt der März herbei 10
Kuckuck, Kuckuck 13
Der Frühling ist da 13
Ist denn alles verboten? 15
Wir malen Bilder im März 22
Jetzt kommt schon der April herbei 28
Wir malen Bilder im April 43
Der Monat Mai 46
Mai – Die Luft ist blau 56
Der Frosch 56
Wir malen Bilder im Mai 64
Der Juni springt im hohen Gras 68
Mückentanz 71
Katzenmusik 79
Malspiel im Sommer 81
Sag mir, wieviel ist die Uhr? 82
Wir malen Bilder im Juni 84
Der Juli schenkt uns hitzefrei 88
Abendkonzert 91
Wir malen Bilder im Juni 106
August, der sperrt den Regen ein 110
Wir malen Bilder im August 126

KASPERSPIELE

Simsalabim – Schnuffi darf wieder Schnuffi sein 96
Kasper will doch in die Schule 119

LIEDER

Wolkenlied 17
Lied vom Hahn Sebastian 38

Osterlieder 42
Kommt ein Schmetterling geflogen 60
Frühlingsfest am Teich 80
Ritter – ratter – Eisenbahn 102
Der Kritzel – Kratzel – Tintenfisch 118

MÄRCHEN

Die Geschichte vom unzufriedenen Haselstrauch 31
Die Geschichte vom guten alten Mond . . 76

NATURBEOBACHTUNGEN

Das kleine Wunder am Bachrand 12
Das Nest in der Tanne 30
Eine Schmetterlingsgeschichte 34
Was die Sonnenstrahlen im April zu tun haben 35
Der Hasentanz auf der Wiese 48
Die Störche sind wieder da 70

RÄTSEL – RÄTSELGESCHICHTEN

Monats- und Tierrätsel (März) 10
Hasen-Rätsel 14
Wer trägt Ingos Brille 20
Monats- und Tierrätsel (April) 28
Monats- und Tierrätsel (Mai) 46
Laut, laut, laut 55
Auf der großen Reise 55
Monats- und Tierrätsel (Juni) 68
Wie es uns neckt 79
Monats- und Tierrätsel (Juli) 88
Rätsel-Lied 95
Monats- und Tierrätsel (August) 110

REIME

Siehe ABZÄHLVERSE – WORTERGÄNZUNGEN

REZEPTE

Frühlingsbrot 26
Grüner Salat „Häschenschmaus“ 26
Gesunde Kost für den Apriltisch (Tomatensoße „Wilder Mohn“, Kunterbunte Nudeln) 44
Rhabarberkönig mit Hermelinpelz 64
Süße Nudeln „Sommertraum“ 86
Kalte Suppe „Frischer Gemüsegarten“ . . . 86
Blauer Julitraum mit Sommerwolken . . . 108
Verlorene Sonne im grünen Meer 127

SINGSPIELE – SPIELLIEDER

Lang ist eine Hasennacht 39
So viele kleine fleißige Zwerge 58
Schmetterlingslied 63
Spiellied von den Tieren 104

SPIELE

(Würfelspiele, Kreisspiele u. a.; siehe auch BEWEGUNGSSPIELE/SINGSPIELE – SPIELLIEDER)

Eine Igelgeschichte 16
Malspiel im Frühling 17
Wer trägt Ingos Brille 20
Spiele im April (Tastspiel, Specht-Klopfspiel) 41
Wir spielen (Das Affenspiel, Wer bin ich wohl?) 43
Wir puzzeln um die Wette 62
Kitzelgeschichten vor dem Einschlafen . . 83
Wer schleckt vom süßen Honig? 84
Spiele mit Spaß (Fischewürfeln, Bockspringen im flachen Wasser, Seht ihr unsre Bälle fliegen?, Reiterkampf im Sand oder Wasser, Katz und Maus als Wasserspiel, Frische Fische) 104
Spiele am laufenden Band (Wer findet das Ziel?, Wasser tragen, Jägerball, Wenn einer eine Reise macht, Wer gewinnt das große Rennen?, Tauchen durch den Tunnel, Wurfspiel am Strand, Was kriecht und fliegt und schwimmt denn da?, Wer kann am besten zielen?) 124

März

Jetzt kommt der Monat März herbei,
die ersten Blumen blühn.
Wir sehen hoch am Himmel droben
die Vögel nordwärts ziehen.

Dem Schneemann schmilzt sein weißes Kleid,
der Kopf, der Bauch, der Arm.
Die Bäche glucksen vor Vergnügen,
dem Maulwurf wird es warm.

Die Henne hat so viel zu tun!
Gack, gack – und noch ein Ei!
Nun malt ihr lieben Osterhasen,
wir helfen euch dabei!

Alte Bauernregeln und Volksgut für den März

Trockener März, nasser April, kühler Mai
füllt die Kammer und macht den Stall voll Heu.

Ist es Lätare feucht,
bleiben die Kornböden leicht.
Mittfasten darf der Pflug nicht rasten.

Schweigt im März der Kuckuck still,
klappert der Storch auf dem Dache viel,
zieht die Wildgans ins Land hinein,
wird es ein gutes Frühjahr sein.

Kommt der März daher wie ein Löwe,
geht er am Ende daher wie ein Lamm,
kommt er an wie ein Lamm,
ist er am Ende ein Löwe.

Monats- und Tierrätsel

Wer lockt die Sonnenstrahlen
und weckt die Krokusse auf?
Wer läßt die Bächlein springen
in sprudelnd-schnellem Lauf? (März)

Tief im Wald ist er geboren,
hat zwei lange braune Ohren.
Lauscht und hoppelt flink durchs Gras,
ja, das ist der kleine … (Has.)

Das kleine Wunder am Bachrand

Auf dem Schulweg sagt Peter zu seinem Freund Michael: „Du, heute nachmittag lassen wir unsre kleinen Borkenschiffe im Bach schwimmen! Alles Eis ist weggetaut!“
„Ja, in unserer Regentonne haben heute früh schon die Spatzen gebadet!“ lacht Michael. „Toll, da können wir sehen, ob die Schiffchen genauso gut schwimmen wie in der Badewanne!“
Gleich nach der Schule laufen die beiden Jungen auf die Wiese. Nun hocken sie am Bachufer. Das Wasser schießt und sprudelt vorbei und reißt Moosstücke und kleine Steine mit.
„Wir müssen uns eine ganz ruhige Stelle hinter einem großen Stein suchen!“ sagt Michael. Vorsichtig setzt er sein Borkenschiffchen hinein. Das Wasser treibt es herum – plumps, da ist es umgekippt. „Oh – der Mast schwimmt weg!“ ruft Michael. Er hebt sein Schiffchen vorsichtig hoch. „Da hilft nichts, du mußt einen neuen Mast ankleben!“ sagt Peter. Suchend schaut sich Michael um. Da – hängt dort nicht ein Stückchen Borke an dem Weidenzweig? Aber merkwürdig – die Borke bewegt sich ein bißchen, etwas zartes Gelbes leuchtet in der Sonne. Wie ein kleines Blütenblatt schiebt sich ein gelbes zusammengefaltetes Flügelchen aus der dunklen Hülle heraus.
Die Jungen sind ganz starr vor Staunen. Ein kühler Windzug streicht über den Bach. Das kleine gelbe Flügelchen zittert. Da wandert die Sonne hinter einer Wolke hervor. Ein warmer Strahl trifft die Borke am Weidenzweig. Zwei Fühler tasten sich hervor. Und nun sitzt er da – der kleine gelbe Schmetterling, zusammengefaltet, zitternd auf dem kahlen Zweig. Die Flügel öffnen sich, die zarten Beinchen trippeln ein Stück vorwärts, und dann taumelt er fort – über den Bach, über die Wiese – hinein in die grüne Frühlingswelt.
Michael seufzt tief auf. „Du, so etwas Tolles hab' ich noch nie gesehen!“ sagt er leise. „Das war spannender als jeder Fernsehfilm! Ein richtiges Wunder war das!“

Der Frühling ist da!

Der Frühling hat sich eingestellt,
wohlan, wer will ihn sehn?
Der muß mit mir ins freie Feld,
ins grüne Feld nun gehn.

Er hielt im Walde sich versteckt,
daß niemand ihn mehr sah;
ein Vöglein hat ihn aufgeweckt,
jetzt ist er wieder da.

Jetzt ist der Frühling wieder da:
Ihm folgt, wohin er zieht,
nur lauter Freude fern und nah
und lauter Spiel und Lied.

Und allen hat er, groß und klein,
was Schönes mitgebracht,
und sollt's auch nur ein Sträußchen sein,
er hat an uns gedacht.

Drum frisch hinaus ins freie Feld,
ins grüne Feld hinaus!
Der Frühling hat sich eingestellt,
wer bliebe da zu Haus?

Hoffmann von Fallersleben

Kuckuck, Kuckuck

„Kuckuck! Kuckuck!"
rufts aus dem Wald.
Lasset uns singen,
tanzen und springen,
Frühling, Frühling
wird es nun bald.

Kuckuck, Kuckuck
läßt nicht sein Schrein.
Kommt in die Felder,
Wiesen und Wälder,
Frühling, Frühling,
stelle dich ein!

Hoffmann von Fallersleben

Abzählverse

Lirum – larum – Löffelstiel,
Butter, Zucker, aber viel.
Mehl und Eier noch daran,
wer am meisten naschen kann
von dem süßen Kuchen,
der muß suchen.

Dippe, dappe, dei,
du bist nicht frei.
Dippe, dappe, dapp,
du bist ab.

Wer fängt die Maus mit einem Satz?
Das ist die graue Miezekatz
in unsrer großen Scheun,
und du mußt sein!

Tagel – Tugel – Tigel,
trippel, trappel, Igel,
trippelt in den Wald hinaus
und du bist raus.

Bimmel, bammel, beier,
das Huhn, das legt fünf Eier.
Der Hahn, der krächzt noch laut dazu,
und raus bist du!

Bimmel, bammel, bommel,
die Katze schlägt die Trommel.
Die Mäuschen laufen fort, juchhu,
und ab bist du!

1–2–3–4–5–6–7,
Mäuslein sind im Loch geblieben.
Mäuslein, kommt aus eurem Haus,
und du bist raus!

Hasen-Rätsel

Trimmel – Trummel – Trommeltanz,
schneller, daß die Halme fliegen
und sich Korn und Gräser biegen,
über Bach und Busch und Sand,
vorne kurz und hinten lang,
auf dem Acker, über Steine,
weißt du, was ich damit meine?
Bartputzen ist auch geboten,
ja, das sind vier ... (Hasenpfoten)

Nein, er kann damit nicht schnurren,
wie die Katzen, voll Behagen.
Doch sie warnen bei Gefahr,
sind ihm Tag für Tag von Nutzen,
darum muß er brav sie putzen,
mitten im Gesichte tragen.
(Barthaare der Hasen)

Ist denn alles verboten?

„Einen Vogel möcht ich kriegen.
Mensch – das wäre toll!
Singen kann er, hopsen, fliegen." –
„Macht die Stube voll!
Liebes Kind, das darf nicht sein!
Der kommt mir nicht ins Haus herein."

„So ein Pony will ich haben!
Mann – da wär' was los!
Mit ihm springen, rennen, traben." –
„Werd du erst mal groß!
Liebes Kind, das kann nicht sein!
Du bist dafür wohl viel zu klein."

„Darf ich einen Dackel kaufen?
Lieb und treu und klug!
Mit ihm durch die Wiesen laufen." –
„So – nun ist's genug.
Nein, du Quälgeist, noch mal nein!
Der kommt mir nicht ins Haus hinein."

„Kätzchen mit vier weißen Pfoten!
Ist doch noch so klein!
Ist das etwa auch verboten?
Oh – das wäre fein!" –
„Nun mal Schluß, das kann nicht sein!
Das kommt mir nicht ins Haus hinein!"

Dann nehm' ich mir meinen Teddy
abends in den Arm.
Der kann brummen, schmusen, kuscheln,
ist so weich und warm.
Teddy, lieber Teddy mein,
nun komm, wir schlafen beide ein!

Eine Igelgeschichte

Der Igelmann hat in seinem Winternest unter den vielen Blättern fest geschlafen. Ganz tief hat er geatmet. Da ist Harras, der Schäferhund gekommen. Wau–wau, hat er gebellt. Er hat in den Blättern geschnüffelt und gekratzt. Wau – da hat er sich die Pfote gestoßen. Wau–wau!
Da ist der Igel aufgewacht mitten im Winter. Er tappt durch das Laub. Wie das raschelt! „Wir wollen ihn ins Haus holen, sonst muß er erfrieren!“ sagt Vater. „Wir polstern ihm eine Kiste aus!“ „Schaut mal, wie gern er aus dem Schüsselchen schleckt. Schlapp, schlapp!“ Nun knabbert er an dem Apfel und an der süßen Birne.
Dem Igel gefällt es bei uns. Er läuft ganz schnell über die Steinfliesen im Keller. Nun hat er sogar die Blumentöpfe umgestoßen. Schnapp, da hat er zwei große Spinnen erwischt! Wenn die Sonne wieder warm scheint, darf er in den Garten zurück. Dann sucht er sich bestimmt bald eine Igelfrau und kriegt viele stachelige kleine Igelkinder.

Wir sprechen oder singen auf die Melodie:
Zehn kleine Negerlein:

Tapp, tapp, Igelmann,
du kriechst schnell untern Strauch.
Und wenn du mal ganz zornig bist,
dann trommelst du mit dem Bauch.
(Alle klopfen sich auf den Bauch)

Schlapp, schlapp, Igelmann,
du trinkst die Schüssel leer.
Und wenn du morgen Hunger hast,
dann kommst du wieder her.

Diese Geschichte ist besonders gut nachzuspielen.
Der Igel schläft in der Kreismitte, der Hund kommt mit lautem Bellen angelaufen. Ein Kind holt den Igel ins „Haus“. Da kann er über Tische und Bänke (umgedreht) trippeln.
Am Schluß darf der Igel die neuen Spieler auswählen.
Das Atmen des Igels, das Bellen, das Rascheln, Knabbern können die Kinder im Spielkreis nachahmen.

Eine Schneckengeschichte

Kannst du reimen?

Schau – wer kriecht da um die Ecke?
Das ist die schwarze Regen- (Schnecke)

Kommt sehr langsam nur vom Flecke,
das ist eine lange … (Strecke)

bis zur grünen Buchsbaum … (hecke)

Doch am Abend ist die Schneck
wirklich endlich … (weg)

Oder will sie uns nur necken?
Kannst du sie irgendwo …? (entdecken)

Malspiel im Frühling

Was sitzt denn da im Gras?
Ist das ein kleiner brauner Has?
Häschen ist vor acht Tagen erst geboren
und stellt doch schon hoch die kleinen Ohren.
Die Barthaare zittern hin und her,
es frißt schon ein ganzes Kleebüschel leer.
Es kann flink hoppeln bis zum Stein,
doch nun müssen wir ganz, ganz leise sein.
Sonst kriegt das Häschen einen Schreck.
Dann ist's auf einmal – schwupp-wupp – weg.

Wolkenlied

Text: Barbara Cratzius Melodie: Klaus W. Hoffmann.

2. Ich schau' zu den Wolken hoch,
wild treibt sie der Wind.
Und sie laufen und sie toben,
über unser Haus … geschwind.

3. Ich schau' zu den Wolken hoch,
heut ziehen sie schnell.
Und ich glaub', sie spielen wieder
einmal Wolken- … karussell.

4. Ich schau' zu den Wolken hoch,
das macht so viel Spaß,
manchmal sind sie grau und tröpfeln
mich ein kleines bißchen … naß.

5. Ich schau' zu den Wolken hoch,
ein Zirkus zieht her,
hier ein Pferd und dort ein Äffchen,
mal ein Schweinchen, mal … ein Bär.

6. Doch heut ist der Himmel blau –
so weit, wie ein Meer,
wartet nur, die weißen Wolken
treiben morgen wieder … her.

Hier können die Kinder den Reim selber finden.
Auch kann sich aus dem Text des Liedes
ein Bewegungsspiel entwickeln.

Wo sind unsere Fingerchen?

Dies ist ein Fingerspiel für mehrere Kinder, die um den Tisch herumsitzen.
Man kann es auch mit einem Kind auf dem Schoß spielen.
Weil viele verschiedene Tiere und Erlebnisbereiche angesprochen werden,
sollte man die einzelnen Strophen mehrmals durchspielen,
bzw. auf verschiedene Zeitabschnitte verteilen.

Fünf kleine Däumchen liegen auf dem Tisch.
Das sind die kleinen Frösche,
die hüpfen in die Höh',
die hüpfen in den See
beim grünen Schilf und Rohr;
da strecken sie, da strecken sie
die grünen Köpfe vor.
Quak, quak, quak, quak, quak.
Nun sind sie alle fort,
wer findet ihren Ort?

Der Daumen der rechten Hand hüpft hoch um die ausgestreckte linke Hand (der See) herum. Die linke Hand schließt sich zur Faust, zwischen den Fingern streckt sich der Daumen vorsichtig empor.

Zum Schluß verschwinden beide Hände hinter dem Rükken.

Fünf kleine Zeigefinger liegen auf dem Tisch.
Das sind die weißen Störche,
die kommen aus Afrika.
Sie sind so weit geflogen,
nun sind sie wieder da.
Stolzieren durch die Sümpfe
und tragen rote Strümpfe.
O grüner Frosch, so sieh dich vor,
sonst zieht dich gleich der Storch empor.
Doch nun sind Storch und Frösche fort,
wer findet ihren Ort?

Der Zeigefinger der rechten Hand wandert langsam und gravitätisch um den Sumpf (ausgebreitete linke Hand) herum. Als „Überraschungseffekt" versucht der Zeigefinger, den Daumen des Nachbarn zu ergreifen. Das könnte ein ziemliches Durcheinander geben, aber durch den letzten Vers kehrt wieder Ruhe ein. Wenn es zu turbulent wird, kann auch der eigene Daumen „geschnappt" werden. Zum Schluß verschwinden die Hände hinter dem Rükken.

Fünf kleine Ringfinger liegen auf dem Tisch.
Das sind die Schwalbenkinder
in ihrem Nest so klein.
Sie recken ihre Schnäbel hoch:
„O Mami – bring uns Futter doch!
Fliegen, Mücken, Käfer, immer mehr,
oh – wir haben Hunger sehr."

Die linke Hand ist zur Faust geschlossen, das ist das Nest. Nun recken sich die Schwälbchen über den Nestrand empor. Ringfinger wächst langsam höher, fliegt über den Kopf fort. Zum Schluß verschwinden die Hände hinter dem Rücken.

Nun werden sie groß und im hohen Bogen
sind sie übers Scheunendach fortgeflogen.
Nun sind die Schwalben alle fort,
wer findet ihren Ort?

Fünf kleine Fingerlein liegen auf dem Tisch.
Das sind die kleinen Raupen
auf ihrem grünen Blatt.
Wer wohl den meisten Hunger hat?
Sie fressen und fressen und hüllen sich ein.
Doch langsam – langsam, was mag das sein?
Da öffnet sich das dunkle Tor,
ein bunter Schmetterling schaut hervor.
Nun fliegt er über Garten und Feld
hinein in die bunte Frühlingswelt.

Der kleine Finger kriecht langsam über die ausgestreckte linke Hand. Linke Hand zur Faust schließen, kleiner Finger kriecht in die gekrümmte Hand, ruht dort eine Weile, wird vorsichtig herausgezogen und fliegt hoch über dem Kopf fort. Zum Schluß verschwinden die Hände hinter dem Rücken.

Alle Finger sind wieder zu Haus,
und nun ist die Geschichte aus.

Beide Hände ausgebreitet auf den Tisch legen.

Spiel vom Spiegelhäschen

Da liegt ein Stück Spiegel im Gras.
Das sieht Seppl, der kleine Has.
Guckt hinein,
was ist das?
Auch zwei lange Ohren zum Wackeln,
auch vier Beinchen zum Sausen,
auch ein Bärtchen zum Putzen,
auch ein Schwänzchen zum Wackeln,
auch spitze Zähnchen zum Nagen.
Was ist das – wer kann mir das sagen?
Es stupst mit der Pfote den Spiegel an,
fort ist der kleine Hasenmann.
Seppl guckt ganz dumm,
ist vor Staunen stumm.
Nun sucht er und sucht er viele Stunden,
aber er hat nicht das andere Häslein gefunden.

Die linke flache Hand wird aufrecht gestellt als Spiegel. Die rechte Hand ist Seppl. Sie macht die Bewegungen vor: Zeigefinger und Mittelfinger sind wackelnde Ohren, vier Finger außer Daumen sind trippelnde Beinchen. Daumen und Zeigefinger werden zum Putzen gerieben, kleiner Finger ist das wackelnde Schwänzchen, Daumen und Zeigefinger sind die Zähnchen; die linke Hand macht die Bewegungen nach. Am Schluß kippt sie auf den Handrücken, die rechte Hand trippelt suchend umher.

Kleines Eisenbahnspiel

Wir sprechen oder singen
(auf einer eigenen Melodie):

Wir fahren mit der Eisenbahn,
und wer fährt mit?
Zuerst geht's langsam nur voran,
und dann in schnellem Schritt.
Sch – sch – sch – tut – tut

Wir fahren mit der Eisenbahn,
kommt alle her!
Und weiter geht's im Zockeltrab,
und das ist gar nicht schwer!
Sch – sch – sch – tut – tut.

Immer zwei bis sechs Kinder legen die Hände auf die Schultern des Vordermanns und bewegen sich ohne anzustoßen im Raum umher. Die Erzieherin oder ein Kind ist der Stationsvorsteher. Wenn der Stationsvorsteher „Halt" ruft, halten die Wagen an, bei „Rückwärtsfahrt" bewegen sie sich vorwärts, bei „Umsteigen" drehen sich die Kinder um und fahren in der Gegenrichtung. Es können bei „Umsteigen" auch neue Wagengruppierungen gebildet werden. Bei diesem Partnertausch ist es wichtig, daß ruhig und diszipliniert gewechselt wird, damit es kein „Unglück" gibt.

Weitere Spielstrophen:

Wir fahren mit der Eisenbahn,
der Tunnel, der ist lang.
Wir machen schnell die Augen zu,
uns ist ein bißchen bang.

Wir fahren mit der Eisenbahn,
nun geht's den Berg hinauf.
Ganz langsam, langsam, Schritt für Schritt,
mit Pusten und Geschnauf.

Wir fahren mit der Eisenbahn,
nun geht's den Berg hinab.
Und schneller fahren wir, hoppla hopp,
geschwinde trab, trab, trab.

Wir fahren mit der Eisenbahn,
jetzt sind wir bald zu Haus.
Auf Wiedersehn beim nächsten Mal,
wir steigen alle aus.

Kinder lösen sich winkend voneinander.

Wer trägt Ingos Brille?

Die Kinder sitzen im Kreis. Ein Kind wird hinausgeschickt. Die andern Kinder tauschen einige Kleidungsstücke aus, z. B. die Schuhe, den Pulli, die Strümpfe, die Brille, die Kette.
In einer bestimmten Zeit muß nun das Kind die vertauschten Sachen richtig zuordnen.
Wenn es diese Zeit überschreitet, kommt der nächste „Detektiv" dran.

Spiel vom Schmetterling

Auf dem Rosenblütenblatt
sitzt ganz still ein Schmetterling,
trinkt und trinkt sich richtig satt,
flattert über Blatt und Busch
über Gräser – husch – husch – husch.
Hin zum Rittersporn, dem blauen,
will zum roten Mohn auch schauen.
Oh – nun kommt er auch zu mir.
Schmetterling, was willst du hier?
Schmetterling, besuchst du mich,
denkst du, ich hab' Saft für dich?
Sitzt auf meiner grünen Bluse
und ich halt ganz still,
weil ich dich betrachten will.
Doch nun schwebst du fort geschwind
hoch im warmen Sommerwind.
Fort im Nu.
Wo bist du?

Die Hände werden mit dem Handrücken aneinander hochgehalten.
Beim Flattern lösen sich die Hände, die Finger zappeln fröhlich herum.
Die Hände werden an die eigene Brust gelegt und verschwinden zum Schluß hinter dem Rücken.
Dann kann das Spiel von neuem beginnen.

Auf dem riesenhohen Berg

Dort ist ein riesenhoher Berg,
da wohnt ein klitzekleiner Zwerg.
Immer höher, Schritt für Schritt,
wer kommt mit, wer kommt mit?
Jetzt ruh' ich mich erstmal aus,
schau' in die weite Welt hinaus.
Kitzele, katzele, titzele, tatzele,
misele, mausele, wisele, wausele.
Jetzt komm' ich oben an,
wo ich dich kraulen kann.
Sieh dich mal vor,
ich kitzele dich hinterm Ohr!
Doch jetzt 1 – 2 – 3 – 4,
ritsch – rutsch – bin ich wieder hier.

Bei diesem Spiel sitzen die Kinder im Stuhlkreis. Sie krabbeln mit der rechten Hand den linken Arm des Nachbarkindes hoch. In den Ellenbogen wird ein bißchen haltgemacht, dann darf auch zart gekitzelt und gekrault werden. Am Schluß rutscht die Hand den „Berg" wieder herunter. Jedes Kind ist abwechselnd der passive und aktive Teil.

Wir malen Bilder im März

Für den März nimm Weiß und Grün,
Schneeglöckchen im letzten Schnee.
Denk auch an die jungen Hasen,
laß sie hoppeln durch den Klee.

Such dir Farben für die Eier,
mal ein buntes Osternest.
Laß die Bäche fröhlich springen,
denn wir feiern Osterfest.

Mal am Himmel schon die Schwalben,
wie die Stare pfeifen – horch!
Mal mit langen roten Beinen
auf dem Scheunendach den Storch!

Wir basteln für den Ostertisch

Krabbelnder Marienkäfer

Material:
grüner und schwarzer Fotokarton
1 halbe Walnußschale
grünes Perlgarn
rote und schwarze Plakafarbe
Klarlack

Der Marienkäfer kann richtig über das Blatt krabbeln, wenn man den Knoten auf der Rückseite hin- und herzieht.
Zunächst wird die halbe Walnußschale mit Plakafarbe so angemalt, daß sie wie ein Marienkäfer aussieht, und mit Klarlack überzogen. Dann den Käferboden aus schwarzem und ein Blatt aus grünem Fotokarton ausschneiden.
Nun den Faden mit einer Nadel durch die Löcher im Käferboden ziehen und anschließend durch die des Blattes. Auf der Unterseite werden die Enden dicht an einem Loch verknotet.

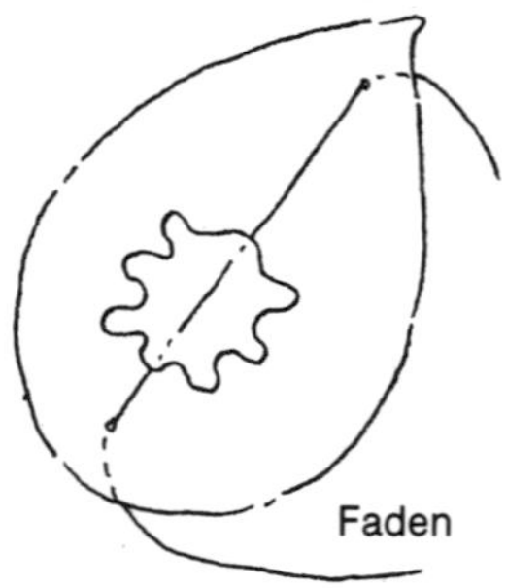

Auf der Oberseite den Käferboden bis ans gegenüberliegende Loch schieben, den Faden auf dem Boden festkleben, darauf dann den Walnußkäfer. Zum Schluß bekommt er noch Fühler aus schwarzem Karton oder einem Stück Pfeifenreiniger.

(G. Erhardt)

Grüne Ostereier

Forme aus Alufolie mehrere große und kleine, runde und ovale „Ostereier".
Dazu kniffst du die Folie so, daß ein kleiner Rand an den Seiten hochsteht.
Nun verteilst du auf den Eiern dünne Lagen von Watte, die du vorsichtig anfeuchtest. Darauf gibst du Kressesamen.
Die Kresse beginnt nach einigen Tagen zu sprießen. Jeden Tag mußt du vorsichtig etwas Wasser hinzugeben.
Wenn du eine Woche vor Ostern damit anfängst, hast du am Ostersonntag viele grüne Ostereier.
Darauf haben bestimmt kleine Gänseblumen oder auch bunte kleine Ostereier Platz!

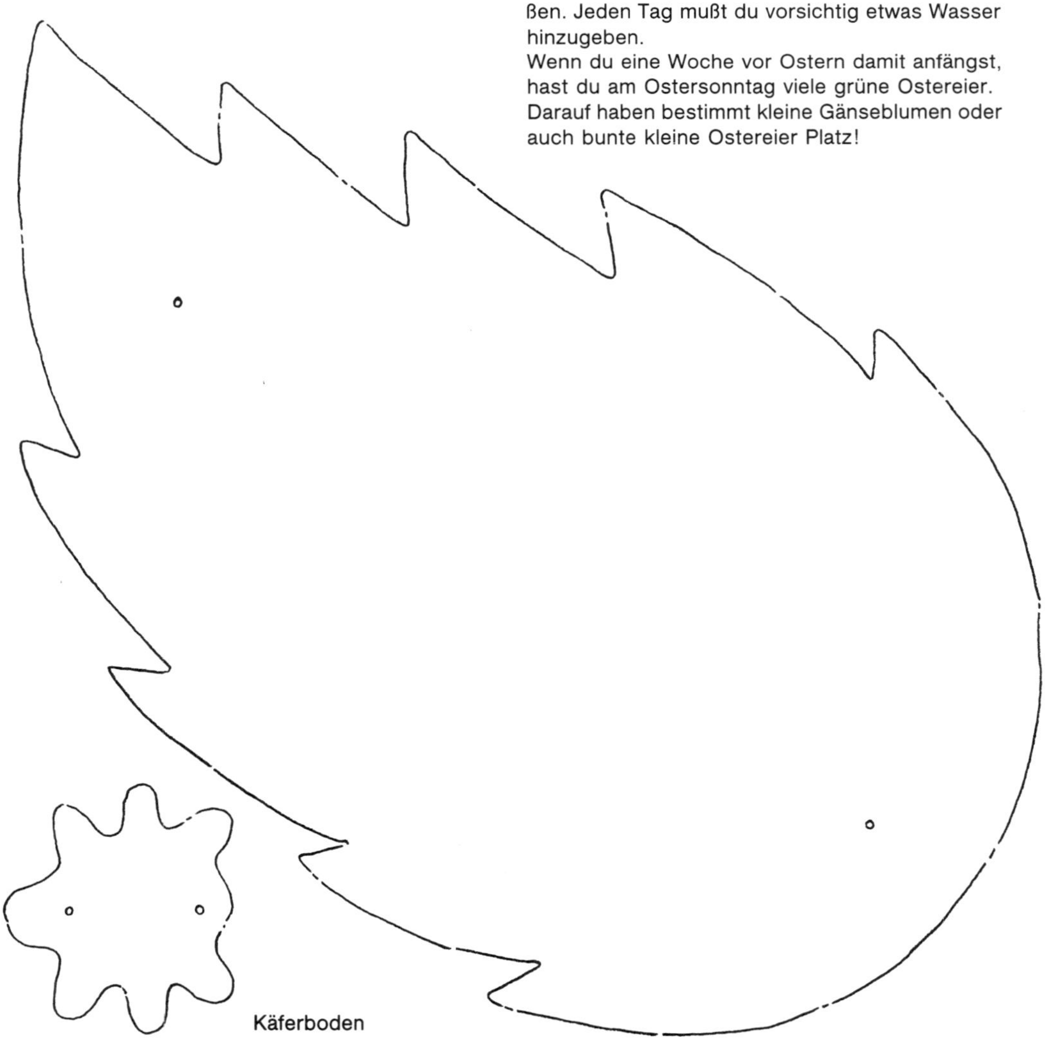

Käferboden

Die Pflanzen erwachen

Tischschmuck im Frühling

Möchtest du beobachten, wie Saatkörner keimen und junge Pflanzen wachsen?
Dann brauchst du: eine flache Tonschale mit einem 2 Zentimeter hohen Rand (eine solche Schale bekommst du in Geschäften für Gartengeräte), Blumenerde, Kressesaat. Und zum Schmükken der Tonschale benötigst du: Plakafarbe, Pinsel, Zaponlack.

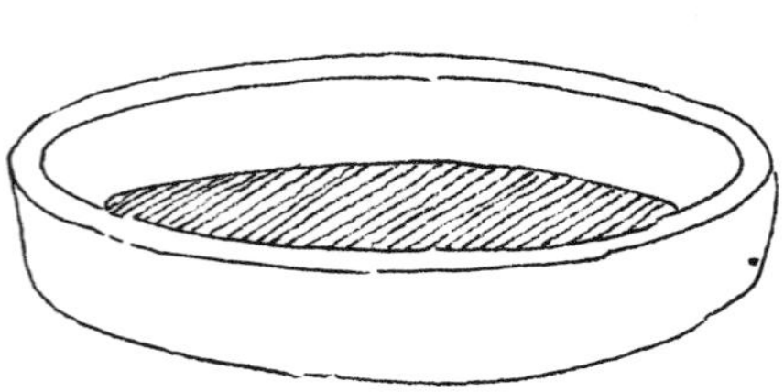

Zuerst wasche die Tonschale ab, damit kein Staub auf ihr haftet. Laß sie gut trocknen.
Färbe den Außenrand mit deiner Lieblingsfarbe. Laß die Farbe gut trocknen.

Male mit einem dünnen Pinsel Muster auf die Grundfarbe rund um den Rand der Tonschale, zum Beispiel:

eine Ranke 

oder Punkte und Kreise 

Dreiecke 

oder Blumen 

Dir fallen sicher noch viele andere Muster ein!
Laß dein Muster wieder gut trocknen. Zum Schluß wird der ganze bemalte Rand mit einem klaren Lack überzogen, damit sich die Farben nicht abwaschen lassen und deine Schale mit Wasser in Berührung kommen kann.
Die Schale ist fertig. Jetzt fülle Blumenerde hinein. Bedecke nur den Boden mit der Erde, etwa 1 Zentimeter hoch. Feuchte die Erde gut an.
Streue Kressesaat, dicht an dicht, auf die Erde. Du mußt sie immer gut feucht halten. Die Samen brauchen Wasser, um zu keimen. Sie dürfen aber nicht im Wasser schwimmen, sonst verfaulen sie.
In wenigen Tagen wird deine Schale voll grüner Kresse sein!

(E. Scharafat)

Mobile im Frühlingswind

Vögel am Futterhaus

Du brauchst: buntes Tonpapier
Klebstoff
Schere
einige Körner Vogelfutter

Zuerst bauen wir das Vogelhaus:
Schneide einen Streifen aus braunem Tonpapier:
5 cm breit, 46 cm lang

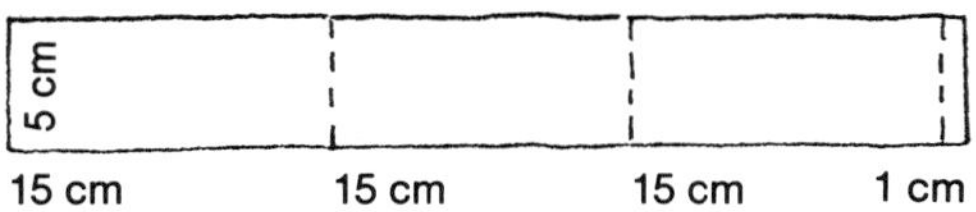

Falte ihn in drei gleiche Abschnitte von je 15 cm und klebe ihn mit dem 1 cm Streifen zu einem Dreieck zusammen.

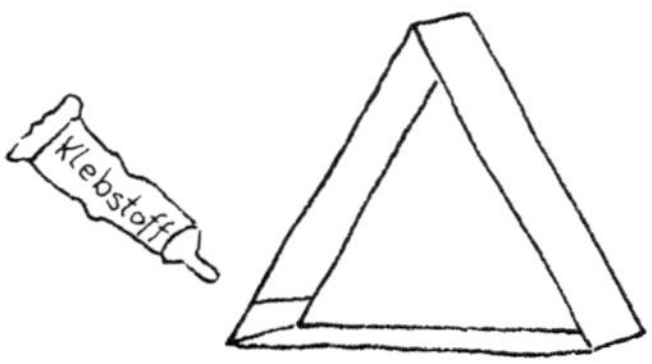

Befestige zum Aufhängen am Giebel einen Faden.
Das Futterhaus ist fertig, jetzt kommen die Vögel!

Schneide 2 cm breite Streifen aus buntem Tonpapier.
für den Bauch 15 cm lang
für den Kopf 10 cm lang
für den Schwanz 7 cm lang
für die Flügel 10 cm lang
und ein kleines Quadrat für den Schnabel.
Die Streifen für den Bauch und den Kopf werden zu zwei Ringen geklebt. Setze Bauch und Kopf aneinander.

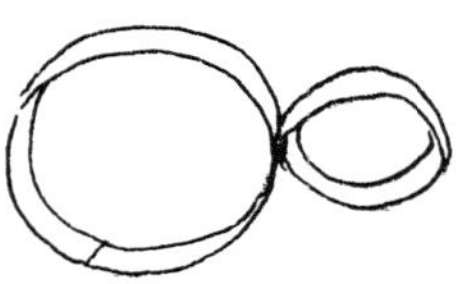

Der Streifen für den Schwanz wird an einem kurzen Ende umgeknickt, hinten an den Vogelbauch geklebt und am anderen kurzen Ende wie ein Kamm eingeschnitten.

Schneide den Flügelstreifen an beiden kurzen Seiten wie einen Kamm ein und klebe ihn dem Vogel auf den Rücken. Biege beide Flügel hoch.
Falte das kleine Quadrat zu einem Dach, das ist der Schnabel.
Klebe ihn vorn an den Kopf.
Male dem Vogel Augen.

Damit es an dem Vogelhaus recht lustig zugeht, brauchst du mindestens 3 Vögel.
Einer sitzt im Futterhaus, einer auf dem Dach und einer kann an einem Faden unter dem Futterhaus hängen.
Zum Schluß klebe einige Körner Vogelfutter ins Haus.

(E. Scharafat)

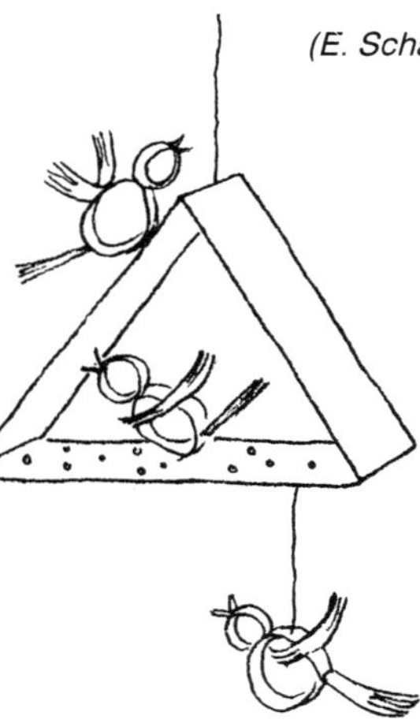

Grüner Salat „Häschenschmaus“

Dazu brauchst du eine Handvoll Gänseblümchen, einige Büschel junge Löwenzahnblätter und eine Handvoll junge Birkenblätter.
Spüle die Wildpflanzen gründlich ab und lasse sie abtropfen. Dann verteilst du die Blätter auf die Teller und gießt eine Joghurtsoße darüber.
Dazu brauchst du 1 Becher Joghurt oder 1 Becher Creme fraiche, etwas Salz und Pfeffer, einige Tropfen Zitronensaft und 1 Eßlöffel Honig oder Apfel.
Vermische alle Zutaten gut miteinander.

Na, was würde Meister Langohr wohl dazu sagen?
Grüne Blätter schmecken toll,
da stopf' ich mir den Bauch gleich voll.
Lecker, lecker Löwenzahn,
ich reiß' und rupf', so viel ich kann.

Frühlingsbrot

Dazu braucht ihr:
5 Scheiben Brot
etwas Butter
250 g Speisequark
2 Tomaten
2 hartgekochte Eier
1 Stück Salatgurke
Salatblätter
Schnittlauch, Dill und Kresse
4 Eßlöffel Milch
etwas Gewürzsalz
evtl. eine Prise Knoblauch oder Zwiebelsalz.

Ihr wascht die Kräuter, die Salatblätter und die Gurke unter fließendem Wasser und trocknet sie auf Küchenkrepp ab. Dann rührt ihr den Speisequark mit der Milch geschmeidig und würzt mit dem Salz. Nun schneidet ihr den Schnittlauch klein und mischt ihn unter den Quark. Dann pellt ihr die Eier ab und schneidet sie und auch die Tomate und Gurke in dünne Scheiben. Nun bestreicht ihr die Brote mit Butter und legt das Salatblatt darauf. Ihr füllt den Quark darüber und belegt ihn abwechselnd mit Tomaten- und Gurkenscheiben. Mit Dillsträußchen und Kresseblättern könnt ihr eure Frühlingsbrote verzieren.

Wir beten und singen

Heute sind wir auf die Wiese gelaufen. Es ist schon richtig warm draußen. Nur oben auf den Bergen liegt noch Schnee. Unten im Tal fängt das Gras schon an zu sprießen. Die ersten Gänseblümchen gucken heraus.
Wir spielen Fangen und Verstecken. Hinter dem Stein habe ich eine Eidechse gesehen. Und die Maulwürfe schaufeln schon kleine schwarze Hügel hoch.
Lieber Gott, wir danken dir, daß du die Erde wieder grün machst. Du schickst uns den Frühling, das frische Gras, die Schwalben und Störche. Wir danken dir für das neue Leben auf der Erde.

Danklied im März

März, der läßt die Bäche springen,
reich mir deine kleine Hand!
Hörst du schon die Amsel singen?
Frühlingswind streicht übers Land.

Und wir tanzen froh im Reigen,
Sonne glänzt auf unsern Wegen,
Leben sprießt aus kalter Erde,
und wir spüren Gottes Segen.

April

Jetzt kommt schon der April herbei,
der lacht uns ganz frech aus,
mal lockt er uns mit Sonnenschein,
dann treibt er uns ins Haus.

Wir putzen unser Fahrrad blank,
das steht jetzt nicht mehr still.
Wir sausen klingelnd durch die Straßen,
kommt mit uns im April!

Die Wiesen macht er feucht und grün
und hält das Moos bereit.
„Ihr Vögel, wollt ihr Nester baun!
Fangt an, es ist nun Zeit!"

Monats- und Tierrätsel

Wer läßt die Sonne lachen,
läßt's regnen, wann er will?
Schickt Sonn' und Hagelschauer!
Ja, das ist der ... (April)

Keiner trägt so stolze Sporen,
lange Federn hinterdrein.
Weckt uns lauthals früh am Morgen,
ja, das kann der ... nur sein. (Hahn)

Alte Bauernregeln und Volksgut für den April

Im ganzen April
kann's wettern, wie's will.

Ist Palmsonntag klar und rein,
soll's ein gutes Zeichen sein.

Woher zu Ostern der Wind kommt gekrochen,
daher kommt er die nächsten sieben Wochen.

Osterregen bringt selten Erntesegen.

Wenn der April Spektakel macht,
gibt's Heu und Korn in voller Pracht.

Das Nest in der Tanne

Anna steht auf dem Balkon. „Guck mal, Mami!" ruft sie, „die Amselfrau mit dem grauen Schnabel! Die fliegt mit einem langen Strohhalm zu der großen Tanne!" Nun kommt auch der Vater auf den Balkon. „Da, in den obersten Zweigen baut sie ihr Nest!" sagt er. „Und der Amselmann mit dem gelben Schnabel hilft ihr dabei!"

Plötzlich hört Anna einen scharfen Warnlaut. „Tschilp, tschilp" tönt es über den Rasen. „Mami, die Amseleltern haben bestimmt die graue Katze entdeckt. Da schleicht sie im Garten herum!" Plötzlich stürzen sich zwei Amseln auf den grauen Räuber. Sie zetern vor Zorn. „Ich glaub', ich kann das verstehen", lacht Ingrid. „Hau ab – alter Räuber!" heißt das. „Fort hier, wir wollen unser Nest bauen!"

Nun jagen auch noch andere Amseln schimpfend über die Tigerkatze hinweg. Da hat sie genug von den zeternden Gesellen. Ihre grünen Augen blitzen böse. Mißmutig schleicht sie durch das feuchte Gras davon. „Such dir Mäuse auf dem Feld!" ruft Mutter ihr nach, „und laß unsre Amseln im Garten in Ruhe!"

Unermüdlich fliegen die Amseleltern mit Federn und Moos hin zur großen Tanne. „Bald nach Ostern werden kleine Amseleier im Nest liegen!" sagt Mutter. „Und wir suchen unten im Garten bei den Himmelsschlüsselchen Ostereier", freut sich Anna.

Die Geschichte vom unzufriedenen Haselstrauch

Am Rande des sprudelnden Bergbachs stand ein Haselstrauch. Im Frühjahr freuten sich die Kinder an seinen langen Haselkätzchen. Im Herbst pflückten sie die Haselnüsse. Sie malten sie golden an und hängten sie an den Tannenbaum. Da glänzten sie zwischen Äpfeln und Sternen im Licht der Weihnachtskerzen.

Haselstrauch, Haselstrauch,
recke deine Äste weit.
Schenk uns viele braune Nüsse
in der Weihnachtszeit.

sangen die Kinder. Aber nicht nur die Kinder hatten den Haselstrauch gern. Wenn die ersten Herbststürme über die Berge brausten, hüpften die Eichhörnchen von Ast zu Ast. Mit flinken Krallen packten sie Nuß um Nuß und trugen sie zu ihren Verstecken. Manchmal waren sie so schnell, daß der Haselstrauch gerade noch ihre buschigen Schwänze hinter den Steinen verschwinden sah. Die Eichhörnchen pfiffen durch ihre spitzen Zähne:

Haselstrauch, Haselstrauch,
reich uns deine Nüsse her.
Der Winter kommt mit Eis und Schnee,
bald sind die Äste kahl und leer.

Auch die Wühlmäuse zog es immer wieder an den Bergbach. Sie hüpften auf dem Moosboden hin und her und sammelten die Nüsse auf, die der Herbstwind abgeschüttelt hatte. Und der Hamster trug die Nüsse in seinen Bau tief unter der Erde. Mit vollen Backen brummte er:

Haselstrauch, Haselstrauch,
deine Nüsse sind so schön.
Könntest du die Vorratskammer
für den langen Winter sehn!

Der Haselstrauch schüttelte zornig die Zweige. „Nun ist's aber genug!“ rief er zornig. „Ihr könnt es kaum erwarten, bis meine schönen grünen Nüsse braun werden. Und dann zupft und rupft ihr alles ab. Manchmal haben die Kinder sogar ganze Zweige abgerissen. Ach, und ich kann mich überhaupt nicht wehren! Festgewurzelt steh' ich hier am Bachrand!“ Er ruckte und zuckte an seinen Wurzeln, aber nur ein trauriges Ächzen fuhr durch seine Zweige.

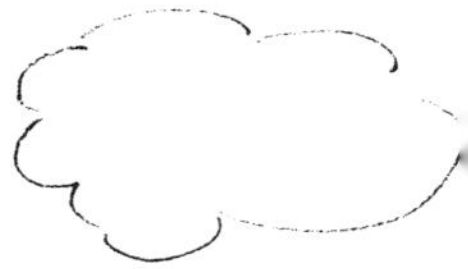

Inzwischen hatte der Herbstwind alle Blätter abgerissen. Die ersten Schneeflocken überschneiten die kahlen Äste, der Winterwind fegte über die Berge. Der Haselstrauch schlief ein. Er schlief und schlief und träumte ...

Er fühlte sich sacht emporgetragen mit seinen vielen Wurzeln. Er flog und flog übers Meer, bis er wieder Land unter sich spürte. Weites weißes Land sah er, soweit das Auge reichte. Seine Wurzeln gruben sich in den lockeren Sand ein. „Hier ist es schön warm!“ dachte er, „und keine Wühlmäuse, Hamster und Kinder weit und breit.“

Nur eine Palme sah er in der Ferne, ringsum Gestein und Sand bis zum Horizont. Die Sonne stieg höher und höher und brannte auf den Haselstrauch hernieder. Er ließ seine Blätter schlaff hängen. „Durst! Durst!“ stöhnte er. „Und diese Hitze! Ich werde noch sterben, wenn ich nicht bald etwas zu trinken bekomme!“

Wär' ich doch am kühlen Wasser,
sprudelnd über Felsgestein.
Ach, ich sehne mich nach Hause,
könnt' ich doch am Bache sein.

seufzte er.

Da fühlte er sich wieder emporgehoben. Er flog und flog über Länder und Berge, bis er unter sich das tosende Wasser des Meeres sah. Er spürte, wie seine Wurzeln am Ufer nach Halt suchten. Vor ihm lag eine gewaltige blaue Wasserfläche. „Hier ist es gut!“ dachte er, „hier haben meine Blätter und Wurzeln genug Wasser zu trinken. Und keine Kinder weit und breit, die meine Nüsse abreißen.“ Aber das Wasser schmeckte salzig. Der Haselstrauch schüttelte sich. Da griff der der Sturm in seine Zweige und rüttelte daran, daß die Blätter davonflogen.

Hätt' ich doch das klare Wasser
sprudelnd über Felsgestein.
Ach, ich sehn' mich nach dem Bergbach,
könnt' ich doch zu Hause sein.

klagte der Haselstrauch.
Da fühlte er, wie er sacht emporgehoben wurde. Er flog über Dörfer und Städte, bis er die hohen Berge vor sich sah.
Er wachte auf. Er fühlte den lockeren Boden des Bergbachs unter sich. Ein warmer Frühlingswind strich durch seine Zweige; der lange Winter war vorbei. Auf seinem höchsten Ast zwitscherte eine Lerche ihr Frühlingslied, und die Kinder kamen angelaufen und pflückten die ersten Haselkätzchen für den Ostertisch. Der Haselstrauch rief glücklich:

Kommt alle her, ihr Kinder,
ich reich' euch die Zweige hin.
Ach, ich freu' mich so von Herzen,
daß ich nun zu Hause bin.

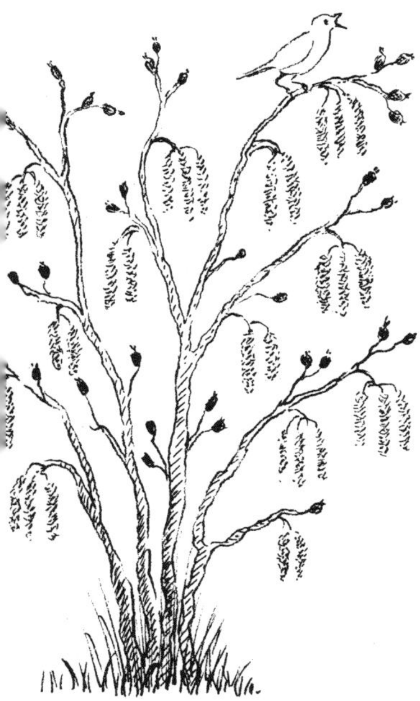

Eine Schmetterlingsgeschichte

Die Kinder spielen Verstecken. Gisela und Holger haben sich hinter der Tanne versteckt. Sie sitzen ganz still. Nur das Summen der Bienen ist zu hören.
Die Sonne scheint warm durch die Äste. Von weitem ruft ein Kuckuck dreimal: Kuckuck, Kuckuck, Kukkuck – Eine Krähe schreit: Kra–Kra––
„Guck mal!" flüstert Gisela. „Was klebt da für ein komisches braunes Ding am Ast!" „Zeig mal!" sagt Holger leise. „Das ist eine Schmetterlingspuppe. Die hat mir mein Vater schon mal in einem Buch gezeigt. „Ist da ein Schmetterling drin?" fragt Gisela erstaunt. „Wie soll der da bloß reinpassen!"
Die Sonnenstrahlen scheinen ganz warm auf die längliche braune Schmetterlingspuppe.
Da – sie bewegt sich!
„Du!" ruft Gisela, „das Ding geht auf!"
Ganz schmal zusammengefaltet kriecht ein gelber Schmetterling heraus. Die Flügel zittern. Er klappt sie auf und zu. Die Flügel sind ganz zart und haben feine Adern.
Ein Windzug streicht durch die Äste. Da flattert der Schmetterling davon.

Guten Morgen, Schmetterling,
flattre froh hinaus.
Du hast ja ganz lang geschlafen
in dem dunklen Haus.

Öffne deine zarten Flügel
weit im Sonnenschein.
Steck den langen schmalen Rüssel
in die Blüten rein.

Seht die vielen Schmetterlinge,
gelb und braun und weiß!
Und wir fliegen und wir flattern
alle mit im Kreis.

Anregungen zum Gestalten: Schmetterling aus Wäscheklammern, Klecks-Schmetterling, Fingerfarben.

Was die Sonnenstrahlen im April zu tun haben

Sie locken die Lärchentriebe: „Streckt eure grünen Spitzen hervor!“
Zu den Himmelsschlüsselchen sagen sie: „Kommt heraus und schließt die dunkle Erde auf!“
Den Sumpfdotterblumen am Bachrand malen sie die zarten Blätter an, daß sie golden glänzen.
Sie kitzeln die Veilchen unter dem braunen Gras hervor und treiben die Schwalben und Störche übers Gebirge. „Fliegt schneller!“ sagen sie. „Die Kinder warten schon auf euch! Und ihr jungen Hasen! Heraus aus eurer Kuhle in den Ackerfurchen! Setzt euch auf eure Hinterpfoten und macht Männchen! Wackelt ordentlich mit euren langen Ohren dabei, daß die Kinder euch sehen können. Zeigt, daß ihr eine weiße Blume habt und lange schnelle Hinterbeine! Erschreckt nicht, wenn die Kinder ordentlich auflachen dabei! Zu Ostern wollen sie hinauslaufen auf die Wiese, in den Wald und sich an der schönen Welt im Frühling freuen: an dem Eichelhäher mit der blauen Feder, an den bunten Schmetterlingen und den kleinen Marienkäfern, am Ruf des Kuckucks und dem Jubelgesang der Amseln und Lerchen und den vielen silbernen Pusteblumen auf der Wiese.

Einzählreime

Der Schmetterling
ist zart und fein,
er tanzt im Frühlings-
sonnenschein.
Wer will die
Glockenblume sein?
Ja – du darfst rein!

*

Die Kätzchen von dem
Weidenstrauch,
die locken die Bienen
herein.
Wer will auch ein
Weidenkätzchen sein?
Ja – du darfst herein.

*

Die Schwalbe hat ein
Nest gebaut,
hoch unterm Scheunen-
dach – so schaut!
Wer will ein kleines
Schwälbchen sein?
Ja – du darfst rein!

Schnee im April

Findest du den Reim?

Am Seeufer sitzt der Osterhase,
die Sonne scheint warm auf seine N... (Nase)

Er ruft: Jetzt reicht's!
Jedes Jahr muß ich mich wieder plagen,
das ist ja ein Streß in den Ostert...! (Ostertagen)

Pinsel raus!
Farben gemixt,
soo viel Eier, oh verfl... (verflixt)

Meine Pfoten tun mir schon weh!
Jetzt tunk' ich den Pinsel ins Wasser,
mach die Farben noch n... (nasser)

Leg die Eier in den Sand,
und dann geht's wie am Fließ... (-band)

Fünf werden grün,
da mal' ich noch rote Herzen h... (hin)

Jetzt kommen drei in violett,
oh Hoppeline, sei doch so n... (nett)

Mal diese vier dunkelblau,
du bist auch meine allerbeste Hasen... (-frau)

Und die Hasenkinder, die sieben,
die spielen schon wieder bei den R... (Rüben)

Kommt alle her – aber schnell!
Eier lackieren – auf der St... (Stell)

O – was ist das?
Die Eier werden ganz naß!
Das ist ja ein einziger Farbenbrei,
was sind das für Flocken, o w..., o w... (o wei, o wei!)

Wie pack' ich die bloß in die Körbe hinein?
Warum muß es im April auch sch... (schnein)

Hört – hört – alles läuft heut ganz verkehrt!

Kannst du reimen?

Die Schnecke hoppelt heut durchs Gras
grad wie ein kleiner Hoppel... (-has)

Der Has, der fliegt laut mit Geheule
ins Baumloch hoch zur alten ... (Eule)

Der Elefant, der krächzt ganz laut,
hat sich auf dem Scheunendach ein Nest ... (gebaut)

In der Hundehütte das Mäuslein bellt,
ein Maulwurf hat sich dazu ... (gesellt)

Er wirft statt Erde hoch das Stroh
Da fliegt ganz hoch ein kleiner ... (Floh)

Ein Tausendfüßler hat bunte Socken an
damit gibt er an, sosehr er ... (kann)

Er stampft ganz laut und macht Radau,
spreizt seine Füße wie ein ... (Pfau)

Der Igel, der springt wie ein Känguruh
und zwitschert laut sein Lied ... (dazu)

Die Katze leckt sich ihre Mähne
und bleckt wie ein Pferd dabei die ... (Zähne)

O weh – o weh, was macht nur mein kleines Schaf?
Mein kleines weiches Schmuseschaf,
das kräht vor Angst,
es macht sich ganz klein
und kriecht ins Mauseloch ... (hinein)

Nun kommt noch der Affe, nein,
das ist nicht gelogen,
der ist übers Scheunendach ... (geflogen)

Sitzt im Storchennest, setzt sich auf eine Brille,
ihr lacht – ja, ja, ich bin ja schon ... (stille)

Denn das alles gibt's nur am 1. Aprille!

Lied vom Hahn Sebastian

Text: Barbara Cratzius
Melodie: Klaus W. Hoffmann.

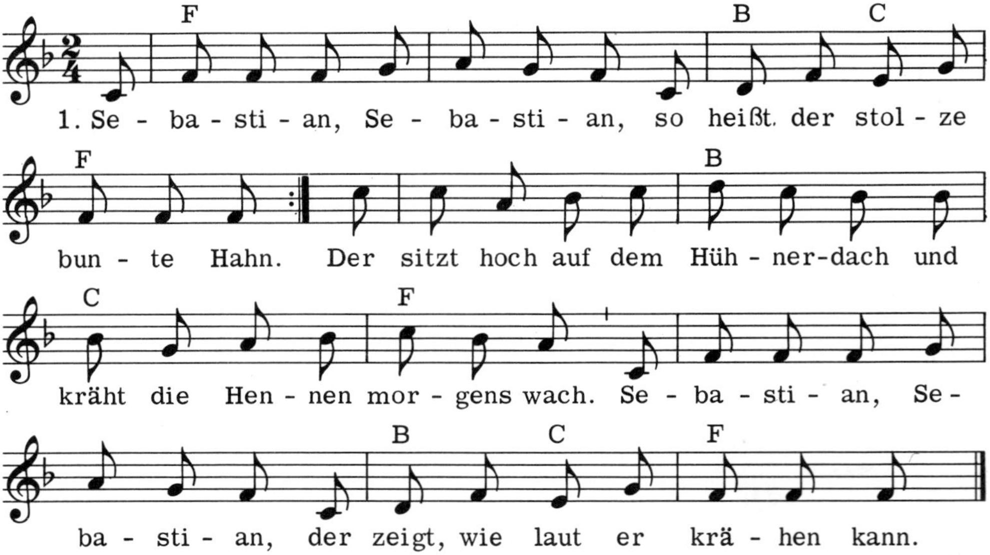

2. Sebastian, Sebastian,
der zieht den schönsten Rock heut an.
Mit Gelb und Rot und Grün und Braun,
der ist ganz prächtig anzuschaun.
Sebastian, Sebastian,
das ist der schönste stolze Hahn.

3. Sebastian, Sebastian,
der trippelt allen schnell voran.
Die Hennen gackern: Mann-oh-Mann,
seht doch, wie er stolzieren kann!
Sebastian, Sebastian,
das ist der Boß, schaut ihn euch an!

4. Sebastian, Sebastian,
man staunt – wie schnell der rennen kann!
Der Hofhund namens Ottokar
er bellt, schon flieht die Hühnerschar.
Sebastian, Sebastian,
du warst einmal ein stolzer Hahn!

Ein Kind steht im Innenkreis und spielt den Hahn, die anderen Kinder sind die Hennen.
Am Schluß flitzt Ottokar in den Kreis und treibt die Hühnerschar wild herum.
Die Kinder im Kreis lassen die aufgescheuchten Hühner durch, während sie versuchen, Ottokar aufzuhalten. Wenn Ottokar ein Federvieh erwischt hat, geht das Spiel von vorne los.

Lang ist eine Hasennacht

(Nach der Melodie: „Gestern abend ging ich aus“ oder eigener Melodie zu singen.)

Gestern abend ging ich aus,
ging wohl auf die Wies' hinaus.
Oh – was guckt denn da hervor?
Still – ein braunes Hasenohr!
Wupp – ich duck' mich, mach' mich klein,
wird da noch ein Häschen sein?

Hoppelhase, bitte schön,
mach mal Männchen, laß mich's sehn!
Da hat er sich hochgereckt.
und den Bart herausgestreckt.
Schnuppert in die Frühlingsluft,
riecht nur süßen Blätterduft.

Hoppelhase, bitte schön,
putz dein Bärtchen, laß mich's sehn!
Spring auch auf dem Stein herum,
lauf und hoppel, brumm, brumm, brumm.
Tanz vergnügt im Mondenschein,
sag, was kann wohl schöner sein?

Hoppelhase, gib nur acht,
Eulen jagen in der Nacht.
Wenn die Eulenaugen glühn,
muß das kleine Häschen fliehn.
Unterm Dornenstrauch geduckt,
Ohren runter, nicht gemuckt.

Nun ist die Gefahr vorbei,
tanzt nun weiter, froh und frei.
Jagt durch Halme, Klee und Gras,
macht auch nicht die Nase naß.
Lang ist eine Hasennacht,
o – das hat mir Spaß gemacht.

Spielanweisung: Ein Kind steht in der Mitte als Beobachter. Alle Kinder im Kreis sind die Hasen und machen die Bewegungen nach:

Männchen machen,
Ohren hochstrecken,
Bart putzen,
auf dem Stein tanzen …

Wenn die Eule naht, ducken sich die Hasen ganz flach auf den Boden. Am Schluß jagen alle fröhlich herum.

Die Geschichte von den Tieren in der großen Arche

Diese Geschichte ist als Bewegungsspiel oder als Fingerspiel darzustellen.
Noah, der Zeigefinger der rechten Hand,
tippt nacheinander die Finger der linken Hand an.
Die rechte Hand wird zur Arche geformt.

Noah ist ein guter Mann,
der baut sich einen festen Kahn.
Tiere, kommt nun alle rein,
hier sollt ihr ganz sicher sein
vor der großen, großen Flut,
Gott, der Herr, beschützt uns gut.

Hast du wohl alle Tiere gesehn,
wie sie vor Noahs Arche stehn?
Da kommt das Nilpferd angelaufen
mit Prusten und mit Schnaufen.
Es schwimmt herbei das Krokodil
vom fernen blauen Nil.
Der Frosch, der schiebt die Beine vor
und hüpft herbei aus Schilf und Rohr.
Der Löwe schleicht auf weichen Tatzen
genauso wie die kleinen Katzen.
Der Hund, der drängelt wild und bellt,
das Häschen hoppelt übers Feld.
Kamel, Giraffe und das Reh,
der Adler aus der Bergeshöh.
Es stellt auch bald der Fuchs sich ein,
die Kuh, das Pferd, das Warzenschwein.
Die Tauben, Rabe und der Spatz,
die haben in der Arche Platz.
Der Storch fliegt her und auch der Schwan,
Die Enten, Gänse, der Fasan,
der Holzwurm stellt sich hinten an.

Und Noah sagt: Vertragt euch gut,
bald kommt die große, große Flut.
Darf keiner beißen, stechen, schlagen,
ihr müßt euch alle gut vertragen.

Kinder formen beide Hände zu einem Boot, das sachte hin- und herschaukelt.

Und wir schwimmen, und wir schwimmen,
wir vertragen uns gut.
In der Arche, in der Arche,
in der großen, großen Flut.

Noah läßt die Taube fliegen,
sie bringt einen Zweig zurück.
Bald ist unsre Fahrt zu Ende,
freut euch alle – welch ein Glück!

Die Hände schlagen auf den Tisch auf.

Bums – da stößt schon die Arche
auf sicheres Land.
Kommt heraus aus dem Dunkel
auf den frischen weißen Sand.
Und die Menschen und die Tiere,
sie freuen sich sehr.
Nun sind sie gerettet
aus dem tiefen, dunklen Meer.
Und sie freun sich und danken Gott,
nun ist zu Ende all ihre Not.

Spiele im April

Tast-Spiel

Ein Spieler bekommt die Augen verbunden. Währenddessen wechseln die anderen die Plätze und verändern ihr Äußeres, z. B. ziehen sie sich den Pullover aus, verändern die Frisur, usw. Nun versucht der blinde Spieler, durch Tasten herauszufinden, wer vor ihm sitzt. Wenn er falsch geraten hat, rufen die andern:

„Streng dich doch
ein bißchen an
und fang noch mal
zu raten an!"

Wenn er richtig geraten hat, werden die Rollen getauscht.

Specht-Klopfspiel

Der Spielführer ruft:

Der Specht, der Specht
klopft tief im Wald,
paß auf, auf einmal
heißt es: halt!

Setzt euch zum Kreis zusammen. Nun fängt der Spielführer an zu klopfen, mit dem Zeigefinger, mit dem Daumen, mit dem Ellenbogen, mit der flachen Hand, mit den Füßen, mit einem Stock, usw. Plötzlich nimmt er beide Hände hoch. Aufgepaßt! Wer jetzt noch weiterklopft, muß ausscheiden.

Osterlieder

(Melodie: Im Märzen der Bauer ...)

So hell scheint die Sonne,
die Wiesen sind grün.
Ich seh' hoch am Himmel
die Zugvögel ziehn.
Komm, Frühling, mit Sonne und Sturmesgebraus
und jag doch den Winter zum Tore hinaus.

Das Zicklein, das Fohlen,
es hüpft und es springt.
Die Amsel, die Lerche,
sie trillert und singt.
Die Glucke lockt all ihre Küken herbei,
zu Ostern, da wird unsre Erde ganz neu!

Und überall sprießt
frisches Leben hervor.
So öffnet die Augen,
das Herz und das Ohr.
Die Blumen, die Vögel und Menschen und Tier,
sie loben und danken dem Schöpfer dafür.

(Melodie: Mai, Mai, Sommergrün ...)

Has, Has, Osterhas
mitten in dem grünen Gras.
Komm, leer deine Körbe aus,
bring Eier doch in jedes Haus.

Has, Has, Osterhas
duck dich nur ins hohe Gras.
Ich hab' die Ohren längst gesehn,
die können gar nicht stille stehn.

Has, Has, Osterhas,
Eier suchen, das macht Spaß.
Gelb und rot und grün und blau
und die bunten, komm und schau!

Wir spielen

Das Affenspiel

Die Kinder stehen oder sitzen im Kreis. Der Spielleiter führt eine bestimmte Bewegung aus, zum Beispiel zeigt er eine lange Nase. Der Nachbar wiederholt diese Bewegung und fügt eine neue hinzu; er klatscht zum Beispiel in die Hände oder springt auf. Reihum muß nun jeder Spieler die Bewegungen wiederholen und eine neue hinzufügen. Wer einen Fehler macht oder zu lange wartet, muß ausscheiden.

Wer bin ich wohl?

Die Gruppe sitzt im Kreis. Zwei Kinder haben sich in zwei verschiedene Tiere „verwandelt" und rufen: „Hokuspokus, fidibus! Wer sind wir wohl? Wer knackt die Nuß?"
Nun beschreiben die Kinder abwechselnd die Tiere, die sie darstellen, jeweils in einem Satz. Es darf dabei nicht zuviel verraten werden.

Zum Beispiel:

Katze: Ich habe einen langen Schwanz.
Maus: Ich habe auch einen langen Schwanz.
Katze: Ich habe ein schönes, weiches Fell.
Maus: Ich habe ein weiches, graues Fell.
Katze: Ich mag nicht gern im Wasser planschen.
Maus: Ich laufe auch lieber durchs Gras.

Dasjenige Kind, dessen Tiername zuletzt geraten wurde, bekommt einen Pluspunkt!

Wir malen Bilder im April

Lustig wird es im April,
der schickt Sonne, warm und hell,
doch auch dunkle Regenwolken,
mal die Regenschirme schnell!

Mit den bunten Fingerfarben
zauberst du die Blumen her.
Mal die zarten Schmetterlinge,
laß sie flattern, immer mehr!

Mal das Dreirad und den Roller,
sieh – die Räder stehn nicht still.
Auf und ab die Straßen runter,
das macht Spaß uns – im April.

Mit Lust und Geschick

Osterhasen

Material:
Holz-, Watte- oder Plastik-Ei,
ausgeblasenes Hühnerei
braunes Tonpapier
Filzstifte
oder Deckfarben

Den Körper des Hasen bildet ein Ei, das einfarbig angemalt oder mit Mustern verziert werden kann. Aus braunem Tonpapier einen Streifen (2 × 16 cm) zuschneiden und um die Längsseite des Eis herumkleben. Für den Kopf einen 2 × 11 cm langen Streifen zu einem Ring zusammenkleben, anschließend mit der Klebestelle auf den Körperstreifen kleben. Die Ohren der Länge nach falten, an der geraden Kante abknicken und unter dem Kopfring ankleben. Nun das Gesicht ausgestalten und den Watteschwanz nicht vergessen. *(G. Erhardt)*

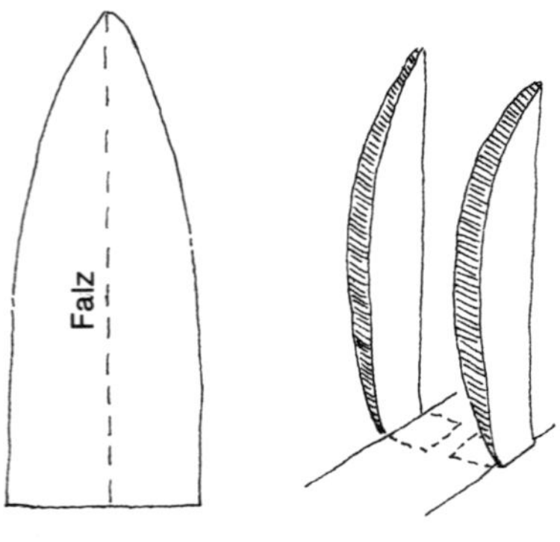

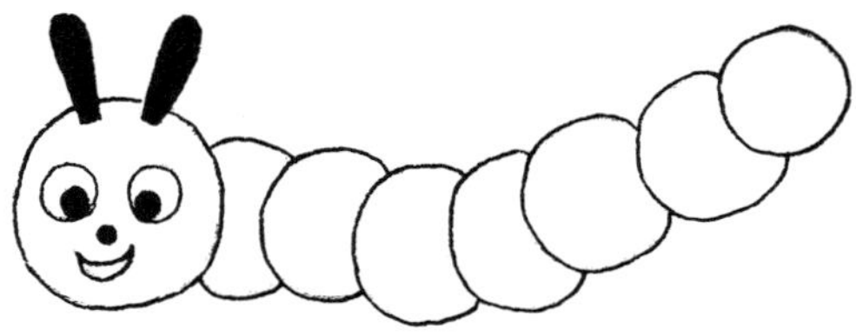

Kleine dicke grüne Raupe

Material:
Tonpapier in Rot, Gelb, Schwarz
und in verschiedenen Grün-Tönen
oder: selbsteingefärbter Zeichenkarton

Die kleine dicke grüne Raupe besteht nur aus Kreisen. Der rote Kopf ist der größte Kreis, für den Körper braucht man sechs gleichgroße in verschiedenen Grün-Tönen und einen etwas kleineren als Schwanzende. Nun ordnet man die Kreise nach Farbabstufungen so, wie es am schönsten aussieht, und klebt sie vom Schwanzende zum Kopf hin aufeinander. Auf den Kopf zwei gelbe Augen und schwarze Fühler aufkleben und mit Filzstiften das Gesicht aufmalen. *(G. Erhardt)*

Gesunde Kost für den Apriltisch

Tomatensoße „Wilder Mohn"

Wir brauchen:
3 Eßl. Sonnenblumenöl
2 Eßl. Butter
15 Eßl. Tomatenmark (sehr vitaminreich)
3 Lorbeerblätter
etwas Oregano
Salz und Pfeffer
2 Eßl. Sahne
1 Eßl. Honig
etwas Zitronensaft
1 Zwiebel
1 Knoblauchzehe

Ziehe vorsichtig die Schale von der Zwiebel und der Knoblauchzehe ab. Hacke Zwiebel und Zehe in kleine Stücke. Dazu gibst du das Sonnenblumenöl und dünstest die Zwiebel-Knoblauchstücke.
Gib die übrigen Zutaten zu und laß das Gemüse eine Weile bei milder Hitze köcheln.
Wenn die Soße dickflüssig ist, nimmst du die Lorbeerblätter heraus und gibst den Honig zu. Wenn du den Geschmack etwas milder haben willst, fügst du noch etwas mehr Honig zu.
Diese Tomatensoße paßt zu allen Nudelgerichten und ist viel gesünder als Tomatenketschup.

Kunterbunte Nudeln

Wir brauchen:
1 Pfd. Vollkornnudeln
(lustige Hörnchen eignen sich gut dazu)
2 Dosen Maiskörner
3 Tassen junge Erbsen
Kräutersalz
3 Eßl. Butter

Kocht die Vollkornnudeln in einem großen Topf Wasser mit etwas Salz und 2 Eßlöffel Öl auf, Dauer etwa 8 bis 12 Minuten, bis sie bißfest sind. Dann kocht ihr die Erbsen vorsichtig mit wenig Wasser weich und fügt die Maiskörner hinzu.
Gebt die Butter zu den Nudeln und erhitzt sie noch einmal. Dann füllt ihr die Nudeln in eine Schüssel und gebt in die Mitte das bunte Gemüse.
Eine dicke Schicht Parmesankäse könnt ihr darüberstreuen. Dazu paßt eine feuerrote Tomatensauce.

Wir beten im April

Im April geht es lustig zu. Wir können draußen auf den Straßen mit den Fahrrädern fahren und Hinke-Hops spielen. Unsere warmen Winterpullover hängen im Schrank. Aber am nächsten Tag müssen wir unsere Anoraks wieder überziehen. Dann regnet und stürmt und hagelt es draußen. In den Apriltagen (manchmal auch schon im März) feiern wir das Osterfest. Dann freuen wir uns, daß unser Herr Jesus Christus aus dem dunklen Grab auferstanden ist. Die Glocken läuten weithin über das grüne Land. Ich male ein Osterbild mit einer strahlenden goldenen Ostersonne.
Lieber Gott, wir danken dir, daß du zu Ostern die Herzen der Jünger und auch unsere Herzen froh gemacht hast. Wir möchten wie die Jünger von Emmaus bitten: Herr, bleibe bei uns.

Danklied im April

Der lustige April ist da,
der lacht uns ganz frech aus!
Mal lockt er uns mit Sonnenschein,
dann treibt er uns ins Haus.

Doch heute strahlt die Ostersonne
voll Glanz am blauen Himmelszelt.
Du, Herr, du schenkst uns Licht und Leben
für unsre kalte dunkle Welt.

Mai

Der Monat Mai, der schaut und schaut
in jedes Nest hinein,
selbst bei den kleinen Schwalbenkindern
will er der erste sein.

Er kitzelt alle Käfer wach
und ruft den Storch herbei,
die Schmetterlinge läßt er tanzen,
so fröhlich ist der Mai.

Wir toben draußen wild herum
als Cowboy und Gendarm.
Wir können wieder Höhlen bauen,
die Erde ist ganz warm.

Alte Bauernregeln und Volksgut für den Mai

Ist's am ersten Mai naß,
füllt's dem Bauern Scheun und Faß.

Maitau
macht grüne Au.

Stehend Wasser im Mai
bringt die Wiesen ums Heu.

Viel Gewitter im Mai,
singt der Bauer Juchhei.

Maienfrost
den Blüten das Leben kost!

Monats- und Tierrätsel

Wer läßt die Frösche quaken
und Raps und Flieder blühn
und hoch am blauen Himmel
den Storch, die Stare ziehn?

(Mai)

Wer singt und quakt im tiefen Rohr
zur Maiennacht im lauten Chor?
Springt aus dem Wasser hoch empor?
Wen angelt sich der Storch hervor?

(Frosch)

Der Hasentanz auf der Wiese

Auf der Wiese sind die Sumpfdotterblumen und die Himmelsschlüsselchen aufgeblüht. Steffi und Corinna stapfen durch das feuchte Gras. „Sieh mal!“ ruft Steffi, „das Zittergras und die roten Kuckuckslichtnelken und das Scharbockskraut! Davon pflücke ich für Mutter einen großen Strauß!“

Der Wind streicht über die Rispen und Blüten. Ein Duft von frischem Klee weht ihnen entgegen. Plötzlich bleibt Corinna stehen. „Was ist das für ein Geräusch?“ fragt sie. Ein leises Hämmern und Klopfen ist ganz in der Nähe zu hören. „Vielleicht ein Buntspecht in der Birke da drüben“, meint Steffi. „Duck dich“, flüstert Corinna, „da vorn bewegt sich was!“

Auf dem großen Feldstein unter der Birke gar nicht weit entfernt sitzt ein kleiner brauner Hase. Die Ohren hat er hochgestellt. Er lauscht unbeweglich. Dann trommelt er vergnügt auf dem harten Stein mit den kleinen Läufen – wie ein richtiger fröhlicher Hasenmarsch hört sich das an. Er trommelt und tanzt, dann macht er Männchen und äugt nach allen Seiten über die grüne Frühlingswiese. Und dann geht's wieder los – trippel, trappel, trommel, trommel – wie schön ist das Hasenleben im duftenden Klee in der warmen Sonne!

Auf einmal huscht ein Schatten über die Wiese hinweg. „Da, ein Raubvogel!“ flüstert Steffi aufgeregt. Mit einem hohen Satz ist der Hase von seinem Tanzstein verschwunden. Der Raubvogel zieht noch ein paarmal seine Kreise über der Wiese, dann verschwindet er hinter den Tannen am Waldrand. Die beiden Mädchen stehen vorsichtig auf. „Das müssen wir zu Hause und in der Schule erzählen!“ sagt Steffi, „die andern werden es kaum glauben! Wer hat auch schon einen Hasentanz gesehen!“

„Morgen laufen wir wieder auf die Wiese“, meint Corinna. „Ich bin gespannt, was es noch mehr zu entdekken gibt!“

Die Geschichte von dem vorwitzigen Igelkind

Die Igelmutter war zufrieden. Am Rand der Wiese hatte sie einen Dornenstrauch gefunden mit einer flachen Mulde. Lockeres Heu war darübergeweht, so richtig passend für ein schönes warmes Igelnest. Das mußte sie dem Igelvater sagen. Der war seit einiger Zeit richtig mürrisch geworden, so als ob ihn die Jungen, die sie erwartete, gar nichts mehr angingen.

Igelvater, komm doch her!
So viel weiches Heu, nun schau.
Das ist grad für uns gemacht,
so ein richtiger Igelbau.

lachte sie. Grunzend kam der Igelvater angetrippelt. „Ist recht“, schnaufte er, „ich muß Mäuse jagen.“ „Bring mir eine fette Maus mit!“ bat die Igelmutter. „Ich kann nicht mehr so schnell trippeln.“

In der Nacht wurden die Jungen geboren. Ganz weiche Stacheln hatten sie und fingen gleich an, die gute warme Milch zu schmatzen. Der Igelvater brachte einen fetten Regenwurm und ein paar saftige Schnekken an. Er beschnupperte seine Jungen. Dann trollte er sich wieder in den Wald und wühlte in dem feuchten Laub herum.

Die kleinen Igel wuchsen und wuchsen. Bald öffneten sie ihre schwarzen glänzenden Augen und trippelten schon ein bißchen hinter der Mutter her. Drei der Igelkinder waren schon ganz geschickt und flink auf den Beinen. Sie fingen Heuschrecken und Würmer und paßten genau auf, wenn die Igelmutter auf Mäusefang ging.

Nur das jüngste Igelkind, das Spitzschnäuzchen, machte der Mutter Sorgen. Es trippelte nicht brav hinter ihr her wie die andern Geschwister, sondern ging gern seiner eigenen Wege. Wenn die Mutter mit den Geschwistern unten in der Ackerfurche entlangzog, kletterte es nach oben und steckte sein Schnäuzchen frech in die Luft. „Sieh dich vor!“ mahnte die Mutter. „Sei nicht so unvorsichtig. Wir haben genug Feinde!“ Der Igelvater wurde manchmal zornig. Er schimpfte.

Willst du nun wohl endlich hören!
Sag, was suchst du oben nur!
Kriech im Laub, bleib in der Furche,
komm und folge unsrer Spur.

Und die Igelmutter dachte voller Bangen an die große Eule, die mit glühenden Augen oben auf der Tanne saß und wohl schon längst ihren Bau unter der Dornenhecke erspäht hatte.

Flieh beim leisen Flügelschlag,
versteck dich vor den bösen Eulen,
roll dich wie ein Ball zusammen,
wenn sie bös im Dunkeln heulen!

warnte sie. Aber Spitzschnäuzchen wollte nicht hören. Er war eben zu neugierig und wollte die Welt allein erkunden. Vor allem zog es ihn zum Gartenzaun. Da roch es gegen Abend so gut, wenn der Wind den Duft der frischen Erdbeeren herübertrug.

Als die Gelegenheit günstig war und die Igelmutter gerade unbeweglich vor einem Mäuseloch saß, nahm er Reißaus und – immer dem Schnäuzchen nach! Er kroch durch die Pforten des Gartenzauns und trippelte an den duftenden Erdbeeren vorbei. Er biß in eine rote Frucht hinein und schmatzte behaglich. Hm – so einen Leckerbissen hatte er lange nicht gegessen und dann noch die glänzenden schwarzen Nacktschnecken! Die hatten das Erdbeerbeet auch schon entdeckt. Spitzschnäuzchen schmatzte und schmatzte. Da sah er plötzlich unter einem Busch eine glänzende weiße Kugel liegen. Was war das? Er kullerte sie ein paarmal hin und her. Platsch – schlug die Kugel gegen einen Stein. Eine gelblich-weiße Flüssigkeit floß heraus. Spitzschnäuzchen schleckte und schleckte, so etwas Feines wie ein frisches Hühnerei hatte er in seinem ganzen Igelleben noch nicht probiert. Aufgeregt trippelte er weiter. Das war wirklich etwas anderes als der langweilige Wiesenrand, wo es nur Regenwürmer und Nachtschmetterlinge zu fressen gab. Ein unwiderstehlicher Duft zog ihn an. In einer flachen Katzenschüssel war

ein Rest Milch übriggeblieben. Er kroch einfach in die Schüssel hinein und schleckte die süße Milch auf.

Hier möcht ich noch lange bleiben
in dem schönen grünen Garten.
Doch ich muß zum Nest schnell laufen,
Mutter wird schon lange warten,

schnaufte er und stieß mit lautem Klirren die Katzenschüssel um. Das hörte Bello, der Hofhund. Aufgeregt riß er an seiner Kette, bis sie nachgab. Er rannte bellend los und stürzte wütend auf den Eindringling zu.

Im letzten Augenblick hatte sich Spitzschnäuzchen zu einer Kugel zusammengerollt. Nicht die kleinste Pfote guckte mehr aus dem Stachelpelz heraus. Bello wollte zubeißen, aber er spürte einen brennenden Schmerz an seiner Schnauze. Er leckte sich die blutende Wunde und trollte sich wütend in seine Hundehütte zurück. Unbeweglich blieb Spitzschnäuzchen noch eine ganze Weile liegen. Dann streckte er vorsichtig seine Schnauze hervor.

Hab' ich wohl noch alle Stacheln,
ist auch noch mein Schnäuzchen dran?
Nun will ich nach Hause trippeln,
oh – so schnell ich laufen kann,

schnaufte er aufgeregt. Und so kam es, daß er sich nach einer guten halben Stunde wieder wohlbehalten neben die Geschwister ins Nest kuscheln konnte.

Aber von der Igelmutter hat er noch einen tüchtigen Klaps auf sein Hinterteil bekommen, und das hat er wohl verdient, nicht wahr?

Die Geschwister aber bewunderten ihn, wenn er von seinen Abenteuern erzählte und heimlich, wenn die Igelmutter nicht da war, sang er ihnen das Lied von der großen weiten Welt vor:

Hinter der Wiese, am Gartenzaun,
beginnt die Welt, so bunt und groß.
Wartet, bald habt ihr Mut wie ich,
dann trippelt ihr ganz einfach los.

Abzählreime

Ene – mene – Pusteblume,
ene – mene – Löwenzahn,
du bist dran.

*

Ene – mene Schneckenhaus,
du bist raus.

*

1–2–3,
ritsche, ratsche – rei.
Schnecke sitzt im Dreck,
und du bist weg.

*

Rische, rasche,
Plaudertasche.
Mische, masche, maus,
du mußt raus.

*

Ene, mene, Fliederbusch,
du mußt suchen,
husch – husch – husch.

1–2–3–4–5–6–7,
Bohnen, Erbsen, rote Rüben,
Fingerhut und Löwenzahn,
wer am besten laufen kann,
der fängt an!

Die Geschichte vom kleinen faulen Schwalbenkind

Die Schwalbenmutter saß auf ihren Eiern. Kunstvoll hatte sie ihr Nest in der Wölbung der alten Tormauer gebaut. Fünf kleine Eier lagen unter ihren warmen Federn. Der Schwalbenvater brachte ihr ab und zu ein paar kleine Fliegen und Raupen. „Brüte nur ruhig weiter!“ sagte er, „das dauert bestimmt noch ein Weilchen, bis alle Schwalbenkinder ausgekrochen sind!“ Eines Morgens streckte das erste Schwalbenkind seinen winzigen Schnabel aus dem Ei hervor. Nach ein paar Stunden waren vier kleine nackte Schwälbchen ausgekrochen. Nur im fünften Ei rührte sich noch nichts. Die Schwalbenmutter klopfte vorsichtig mit ihrem Schnabel an das Ei. Drinnen piepste es leise: „Ich will nicht! Ich will noch in meinem Ei bleiben! Hier ist es so schön warm und gemütlich!“

„Willst du dich wohl beeilen!“ rief die Schwalbenmutter. „So einen Faulpelz habe ich noch nie im Nest gehabt!“ „Komm heraus! Es gibt so leckere kleine Mücken, und die Sonne scheint so hell!“ riefen die anderen Schwälbchen. „Ich will nicht!“ tönte es trotzig zurück.

Da hackte die Schwalbenmutter ein paarmal energisch auf die Eischale, bis sie platzte. Das jüngste Schwalbenkind steckte das Köpfchen hervor. Gerade wollte es

noch einmal „Ich will nicht“ rufen, da stopfte der Schwalbenvater ihm schon eine Mücke in den Schnabel. Nun war es erst einmal eine Weile still im Nest. Die vier älteren Schwalbenkinder kuschelten sich aneinander. Ein kalter Wind war aufgekommen, und die Schwalbenmutter deckte ihre warmen Flügel über das Nest.
„Rück doch ein bißchen näher heran, du purzelst ja bald aus dem Nest heraus!“ schimpfte sie. „Ich will nicht!“ piepste das jüngste Schwalbenkind. Sie stupste den kleinen Frechdachs mit einem energischen Schnabelhieb unter ihre Flügel.
Der Schwalbenvater sorgte für Ordnung und Sauberkeit im Nest.
„Hebt eure Schwänzchen!“ sagte er, „ich will euren Schmutz forttragen. „Ich will nicht!“ piepste das jüngste Schwalbenkind. „Wirst du wohl folgsam sein!“ schimpfte der Schwalbenvater und zupfte den Schlingel an seinem Flaumkleid, daß er ängstlich aufpiepste.
Die Schwalbenkinder wuchsen heran. Immer länger wurden die kleinen schwarzen Schwänze. Die Köpfchen bekamen einen blauschimmernden Glanz. „Morgen geht’s los zum ersten großen Flug!“ sagte die Schwalbenmutter. Sie flog vor dem Nest auf und nieder in schnellen Schwüngen, und die Kleinen schauten aufmerksam zu. Wupp – da hatte es das erste Schwalbenkind gewagt und flatterte mit ängstlichem Flügelschlag bis zum alten Birnbaum. „Gut gemacht!“ lobte die Mutter. Das zweite Schwalbenkind schaffte es schon bis zur Dachrinne. Das dritte Schwälbchen flog sogar bis zum Telegrafenmast. Das vierte schwebte in hohem Bogen über den Torbogen hinweg auf das Dach der alten Scheune. Nur das fünfte Schwalbenkind saß trotzig auf dem Nestrand. „Ich will nicht“, piepste es. Hier ist es so schön gemütlich! Wozu soll ich mich anstrengen!“ „Schau doch, wie schön deine Geschwister fliegen können!“ rief der Schwalbenvater. „Es geht immer besser! Sie können schon Mücken fan-

gen im Flug!“ „Ja, ich habe fleißige mutige Kinder!“ sagte die Schwalbenmutter stolz.
„Hunger!“ piepste das jüngste Schwalbenkind. Es kroch ins Nest zurück. Richtig schön Platz hatte es so allein im Nest! Aber da knurrte ihm wieder der kleine Schwalbenmagen. „Hunger!“ piepste es. „Daß du ihm keine Fliege mehr bringst!“ drohte der Schwalbenvater. „Der Schlingel soll endlich allein auf Mückenjagd gehen!“ Aber die Schwalbenmutter hatte Mitleid. Gegen Abend brachte sie dem jüngsten Schwalbenkind doch noch ein paar Raupen. „So, nun komm endlich und mach’s deinen Geschwistern nach!“ sagte sie. „Schau, wie schön die andern über die Kirchturmspitze segeln können!“ „Ich will nicht!“ piepste das Schwalbenkind trotzig. Langsam wurde es dunkler. Die jungen Schwälbchen flogen immer noch pfeilschnell über das Nest hinweg, über Scheunen und Dächer. Das jüngste Schwalbenkind steckte seinen Kopf aus dem Nest. Was war das? Da schlich doch ein großes schwarzes Tier übers Scheunendach, sprang auf den Torbogen und setzte vorsichtig Fuß vor Fuß auf die blanken Steine der Mauer. – Die glühenden Augen kamen näher und näher. Das jüngste Schwalbenkind wurde ganz starr vor Angst. Nur die schwarzen glänzenden Flügel zitterten. „Ich will nicht – ich will nicht – ich will nicht fliegen!“ piepste es ängstlich. Dann ließ es sich mit geschlossenen Augen in die Tiefe fallen. Es breitete die Flügel aus, spürte den Wind unter den Federn, öffnete die Augen und glitt in hohem Bogen auf den Birnbaum zu. „Ich kann fliegen!“ piepste es aufgeregt. „Ich will fliegen und immerzu will ich fliegen!“ Hoch in die Luft schwang es sich und schwebte den anderen Schwälbchen entgegen. „Ich hab’s gewußt, daß ich fünf mutige Schwalbenkinder ausgebrütet habe!“ rief die Schwalbenmutter stolz.
„Und das fünfte hat die schönsten schwarzen Schwanzfedern und das größte Köpfchen. Das ist ganz nach mir geraten!“ piepste der Schwalbenvater stolz.

Rätsel

Laut, laut, laut
fliegst du über unser Haus.
Nun bist du schon wieder fort
mit Getöse und Gebraus.

Hoch am Himmel seh' ich blinken
nur noch einen weißen Schein.
Sag, was kann das für ein Vogel
denn wohl nur gewesen sein? (Flugzeug)

Leise, leise, leise
piept und raschelt es im Baum,
und ich seh' drei schwarze Schwänze
und am Nest ganz weichen Flaum.

Vater Amsel holt die Würmchen,
Mutter Amsel piept und lockt.
Weißt du wohl, was in den Zweigen
dicht gekuschelt oben hockt? (Amselkinder)

Auf der großen Reise

Koffer packen, Taschen schleppen
über Steine, über Treppen
viele Reisetage
immer Müh und Plage.
Da ist's leichter, voll Behagen
alles stets bei sich zu tragen.
Geht sie unterwegs zur Ruh,
macht sie rasch die Türe zu. (Schnecke)

Einzählreime

Der Storch kommt von Afrika zurück,
ich hab ihn gesehen – das bringt Glück!
Bald hörst du die Störche im Nest oben schrein,
und du darfst rein!

*

Sti – Sta – Storch,
klipper – klapper – horch!
Klipper – klapper – Storchenbein,
und du darfst sein!

*

Rinkel – Runkel – Raupe
unterm grünen Blätterdach,
frißt ganz viel, tagaus, tagein
und du darfst rein!

Mai

Die Luft ist blau, das Tal ist grün,
die kleinen Maienglocken blühn
und Schlüsselblumen drunter;
der Wiesengrund ist schon so bunt
und malt sich täglich bunter.

Ludwig Hölty

Der Frosch

Der Frosch sitzt in dem Rohre,
der dicke, breite Mann,
und singt sein Abendliedchen,
so gut er singen kann.
Quak, quak!

Er meint, es klingt gar herrlich,
könnt's niemand so wie er;
er bläst sich auf gewaltig,
meint wunder, was er wär.
Quak, quak!

Mit seinem breiten Maule
fängt er sich Mücken ein,
guckt mit den dicken Augen
froh nach der Sonne Schein.
Quak, quak!

Das ist ein ewig Quaken,
er wird es nimmer müd,
solange noch ein Blümchen
im Wiesengrund nur blüht.
Quak, quak!

Herr Frosch, nur zu gesungen!
Er ist ein lustger Mann!
Im Lenz muß alles singen,
so gut es singen kann.
Quak, quak!

Christian Dieffenbach

Eine bunte Seifenblase

Kannst du reimen?

Eine bunte Seifenblase
schwebt grad über meiner … (Nase)

Und der leichte Sommerwind
treibt sie übers Gras ge… (schwind)

Schwebt sacht übers Erdbeerbeet
wo die Vogelscheuche … (steht)

Treibt dann weiter übern Zaun,
immer noch kann ich sie … (schaun)

Schwebt am Kirschenbaum vorbei,
Amselmann denkt: O wei, o … (wei)

Was ist das für ein zartes Ding,
ein besondrer Sch… (Schmetterling)

Ob sie denn nicht bald zerspringt?
ob die Reise übers Dach ge… (lingt)

Auf dem Dach, da gurren Tauben:
Nein, das ist ja kaum zu … (glauben)

Habt ihr so was schon gesehn,
bunt und schillernd, zart und sch… (schön)

O – nun fliegt es zum Schornstein gar,
ist das ein Vogel – wun… (wunderbar)

Auf dem Dach breit und fest
hat ein Storchenpaar sein … (Nest)

Klapper, klapper, auf der Schnabel!
1–2–3 hast du's gesehn,
da ist es um sie … (geschehn)

Doch wartet nur – ganz still und leise
schicken wir neue Seifenblasen auf die … (Reise)

Wenn Igel sich küssen

Der rechte Zeigefinger druckt den Igelbauch – oho,
der linke Zeigefinger macht's genauso.
Nun malen wir viele Stacheln dran,
fertig sind Igelfrau und Igelmann.
Und nun drucken die kleinen Fingerlein,
da laufen viele Igelkinder hinterdrein.
Und wenn wir ganz, ganz leise sind,
kriegt einen Kuß jedes Igelkind.
Doch Vorsicht, die Stacheln pieken sehr,
wenn ihr sie aufstellt, gibt's keine Küsse mehr!

So viele kleine fleißige Zwerge

Ein Spiellied – nicht nur für den Muttertag
(auf die Melodie: „Alle meine Entchen" zu singen).

Kehrvers:

So viele kleine fleißige Zwerge
trippeln flink herein.
Wollen heut der Mutter helfen
und ganz fleißig sein.

Wische, wasche, große Wäsche,
wolln wir fleißig waschen.
Rote Strümpfe, bunte Hemden,
Hosen mit den Taschen.
1–2–3, kommt schnell herbei!

Dieser Text wird jeweils gerufen.

Schnell die Klammern und die Leine,
reich die dicken Socken!
Puppenkleider, Strampelhosen,
bald ist alles trocken.
1–2–3, kommt schnell herbei!

Und wir schrubben unsre Eimer,
Puppenhaus und Wagen,
laßt uns nun den nassen Teddy
in die Sonne tragen.
1–2–3, kommt schnell herbei!

Und wir putzen blank die Fenster
und die Badewanne,
auch die blaue Puppentruhe
und die rote Kanne.
1–2–3, kommt schnell herbei!

Kommt, wir schälen nun die Äpfel
für die süße Suppe.
Und wir rühren einen Pudding
für die kleine Puppe.
1–2–3, kommt schnell herbei!

Ich will mit dem langen Besen
jetzt die Küche fegen.
Fleißig wollen alle Zwerge
schaffen und sich regen.
1–2–3, kommt schnell herbei!

Staubsauger, du Zauberkünstler,
darfst dich nicht verschnaufen!
Schluck die Krümel, Fussel, Schnipsel,
einen ganzen Haufen.
1–2–3, kommt schnell herbei!

Schon dreht sich der große Schlüssel,
ihr sollt euch verstecken!
Denn uns soll die liebe Mutter
nicht zu früh entdecken.

Da macht Mutter große Augen,
sieht die vielen Zwerge
hinter sieben, sieben Tälern,
hinterm großen Berge.

Alle ihre vielen Zwerge
will sie heut bedenken.
Jeden nimmt sie in den Arm,
will ihm auch was schenken.

Die Kinder stehen im Kreis und singen das Zwergenlied. Bei Strophe 1 bis 7 klatschen sie das 1–2–3, kommt schnell herbei! mit.
In der Mitte stehen einige Zwerge im Innenkreis und führen die Bewegungen textgemäß pantomimisch aus. Bei Strophe 8 verstecken sich die Kinder im Außenkreis. Wenn die Mutter sie entdeckt hat, umarmt sie jeden Zwerg, und er bekommt ein „Geschenk“.
Diese Kinder wählen die neuen Zwergenkinder für den Innenkreis aus.

Kommt ein Schmetterling geflogen

Text: Barbara Cratzius
Melodie: Paul G. Walter

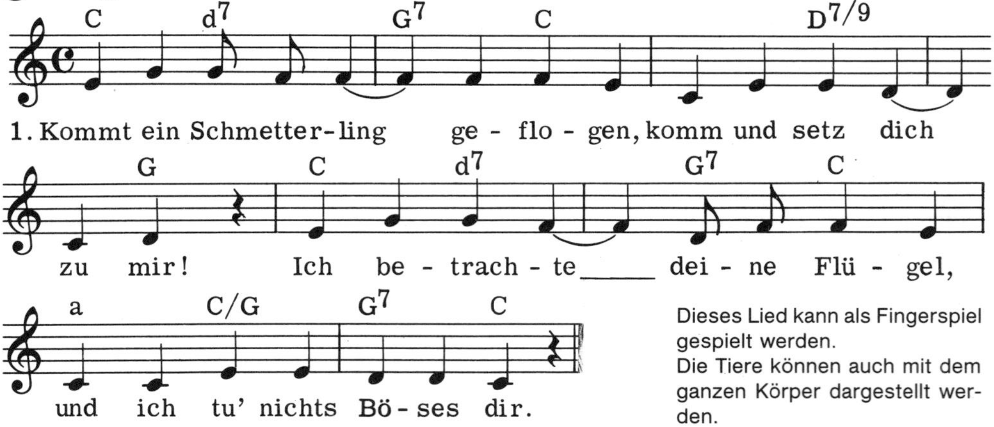

Dieses Lied kann als Fingerspiel gespielt werden.
Die Tiere können auch mit dem ganzen Körper dargestellt werden.
Immer neue Tiere können auf der „Sommerwiese“ erscheinen, auch große Tiere, wie z. B. der Elefant, der sich vor dem Kind ins Gras setzt.

2. Kommt ein Käfer angekrabbelt,
nein, wer hätt' das gedacht!
Setzt sich grad auf meinen Finger,
ich bewege ihn ganz sacht.

3. Kommt ein Häslein angehoppelt,
setzt sich zu mir ins Gras.
Du hast lange weiche Ohren,
bist ein lieber brauner Has.

4. Kommt ein Mäuschen angetrippelt,
liebe Maus, sieh dich vor!
Denn der große graue Kater
springt gleich hinterm Stein empor.

5. Kommt 'ne Hummel angeflogen,
setzt sich auf meinen Fuß.
Kleine Hummel, komm und sag mir,
von wem bringst du einen Gruß?

6. Liebe Tiere auf der Wiese,
kommt, ich lade euch ein,
zeigt mir Ohren, Bauch und Füße
ihr sollt meine Freunde sein.

(Dabei kann auch der eigene Bauch gestreichelt werden, ebenso Ohren und Füße.)

Fünf Schwalben

Fünf Schwalbenkinder sitzen im Schwalbennest
und piepsen: Heut ist Fliegefest!

Rechte Hand ist zur Faust geballt.

Der dicke will als erster raus,
es wird ihm zu eng im Schwalbenhaus.

Daumen reckt sich hoch.

Der zweite, der streckt das Schnäbelchen hoch:
„Ich will auch endlich raus aus dem Loch!“

Zeigefinger reckt sich hoch.

Der dritte, das ist der größte von allen,
der wär beinah aus dem Nest gefallen.

Mittelfinger wackelt hoch und runter.

Der vierte, der macht seine Flügel breit
und piept: „Nun wird es höchste Zeit.“

Ringfinger wackelt hin und her.

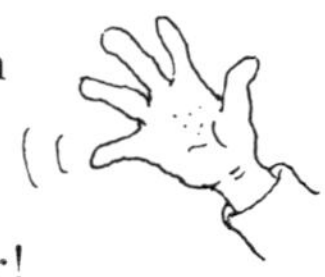

Der fünfte hat den Schwanz hochgebogen
und ist wirklich als erster – losgeflogen!

Kleiner Finger ist ausgestreckt, die Hand fliegt in hohem Bogen herum.

Da sagen die andern: Das ist nicht schwer!
Und fliegen alle hinterher.

Nacheinander fliegen auch die andern Finger in hohem Bogen los.

Fingerspiel von Quik und Quak

Pitsche–patsch, pitsche–patsch
immer durch den tiefen Matsch.
Quik, der schiebt die Backen vor,
quikt und quakt im hohen Rohr.
Quak, der hockt im grünen Gras
dort, wo alle Steine naß.
Doch o weh, o Schreck, o Schreck,
Quik und Quak, springt ganz schnell weg!
Denn dort hinterm hohen Rohr
guckt der Storchenschnabel vor.
Plitsch–platsch,
weg sind sie im tiefen Matsch.

Finger und Zeigefinger der linken Hand agieren textgemäß als Quik und Quak.
Die geöffnete rechte Hand ist der Storchenschnabel.
Am Schluß verschwinden Quik und Quak hinter dem Rücken.

Wir puzzeln um die Wette

Aus alten Illustrierten sucht ihr verschiedene großflächige Bilder und zerschneidet sie in etwa 20 bis 30 Teile. Ihr steckt die Teile jeweils in verschiedene Tüten, so daß aus zwei bis drei Tüten das Gesamtbild wieder zusammengesetzt werden kann.
Die Tüten werden an die Kinder verteilt.
Nun müssen die Kinder ihre Partner suchen, mit denen sie das Puzzle zusammennsetzen. Die einzelnen Bilder müssen sich in ihren Grundfarben voneinander unterscheiden, damit die Kinder auch die richtigen Partner finden. Das Puzzeln geht leichter, wenn das Bild auf Pappe aufgeklebt worden ist.
Ihr könnt Puzzle-Bilder auch selbst malen. Damit sich die Bilder unterscheiden, müßt ihr unterschiedliche Techniken wählen (Wasserfarben, Filzstifte, Fingerfarben).

Fingerspiel von den Fröschen

Fünf Frösche haben am Weiher gesessen,
wollten sich mal im Weitspringen messen.
Der erste schafft's bis zum Weidenast,
da wäre er gestolpert fast.
Zum Bootssteg raus der zweite springt,
doch weiter es ihm nicht gelingt.
Der dritte sreckt die Beine vor
und schafft es bis zum hohen Rohr.
Der vierte reckt sich tüchtig aus,
erschreckt dabei die graue Maus.
Doch der fünfte, der allerkleinste, hört her,
der ist noch nicht so fett und schwer.
Der bläst die Backen auf im Matsch
und schafft's bis zum Weiher, plitsche – platsch.
Da hört man die Frösche quaken und schrein,
das soll heut unser Froschkönig sein,
der kriegt drei Extramücken zum Schmaus!
Das Wettspringen ist für heute aus.

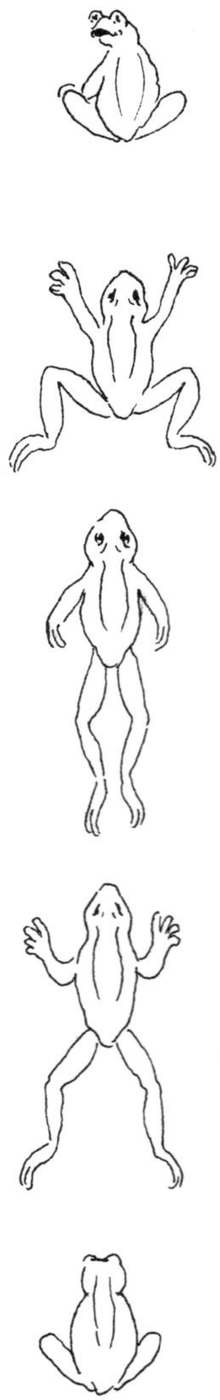

Textgemäß springen die einzelnen Finger der rechten Hand los. Am Schluß bekommt der kleine Finger von der linken Hand „drei Extramücken" ins Mäulchen gestopft.

Schmetterlingslied

Guten Morgen, Schmetterling, flattre froh hinaus.
Du hast ja ganz lang geschlafen in dem dunklen Haus.

Guten Morgen, Schmetterling, zeig die Flügel mir,
und ich zeig die Glockenblumen und die Tulpen dir.

Auf den Gräsern, auf den Blättern liegt nch feucht der Tau,
doch die Blüten stehen schon offen, flieg empor und schau!

Öffne deine zarten Flügel weit im Sonnenschein,
steck den langen schmalen Rüssel in die Blüten rein.

Flattre hoch zur Krokusblüte und zum Veilchen dann,
hoch und nieder, immer wieder, flieg zum Löwenzahn!

Seht die vielen Schmetterlinge, gelb und braun und weiß.
Und wir fliegen und wir flattern alle mit im Kreis.

Oh – ihr kleinen Schmetterlinge, kommt und seht euch vor!
Dort der große dunkle Vogel fliegt vom Baum empor.

Kriecht ganz tief in eure Blüte, duckt euch dicht heran,
daß der große dunkle Vogel euch nicht sehen kann.

Bei diesem Spiellied sitzen die Blumenkinder im Außenkreis in ihren Reifen. Sie können durch bestimmte Armbänder gekennzeichnet sein (Löwenzahn gelbe Armbänder usw.).
Die Schmetterlinge „schlafen“ im Innenkreis in ihren Reifen. Beim Klang des Triangels wachen sie langsam auf, recken sich und strecken sich und flattern von Blüte zu Blüte. Die Blütenkinder formen ihre Hände zu Kelchen. Die Schmetterlinge tauchen ihre zusammengefalteten Hände als Rüssel in die Kehle hinein und flattern zur nächsten Blüte. Beim Schlag des Beckens hüpfen die Schmetterlinge in den Reifen einer Blüte. Beide halten sich eng umschlungen, während der große dunkle Vogel um die Reifen herumflattert.
Wenn er einen Schmetterling außerhalb der Reifen erwischt, nimmt er ihn gefangen; der Schmetterling muß ausscheiden. Beim Schlag des „Gongs“ fliegt der böse Vogel fort, und das Spiel beginnt von neuem. Dabei können die Rollen gewechselt werden.

Wir malen Bilder im Mai

Heute wolln den Mai wir malen,
Maikätzchen – vier, fünf und sechs.
Für den dicken Frosch am Teiche
tupfst du einen grünen Klecks.

In der Tanne dort am Waldrand
hab' ich heut ein Nest entdeckt.
Mal' die scheuen Vogelkinder,
kleine Schnäbel hochgereckt.

Mal' ganz weiß Kastanienherzen,
Butterblumen, grünes Heu.
Wie der Raps ganz golden leuchtet!
So viel Farben hat der Mai!

Rhabarberkönig mit Hermelinpelz

Du brauchst dazu:
etwa 600 g Rhabarber (rote Sorte, sind milder als grüne)
7 Eßl. Ursüße (Vollwertzucker)
5 Eßl. Himbeersirup
etwa 8 Scheiben Vollkornzwieback
3 Eier (getrennt)
1 Teel. echtes Vanillepulver
4 Eßl. Mandelplättchen
4 Eßl. Sonnenblumenkerne
200 g Rohmarzipan
⅛ l Sahne

Schält zunächst den Rhabarber und schneidet ihn in kleine Stücke (etwa 2–3 cm lang). Mischt dann 5 Eßlöffel Ursüße und den Himbeersirup darunter. Laßt ihn eine halbe Stunde stehen, daß er Saft zieht. Dann kocht ihn nicht zu weich.
Streicht eine Auflaufform mit Margarine aus und legt die Zwiebackscheiben hinein. Rollt das Rohmarzipan aus und legt es über die Zwiebackscheiben. Füllt die Rhabarbermasse ein und streut die Mandelplättchen darüber.
Das Eigelb wird mit der Sahne und dem Vanillepulver verquirlt und über den Zwieback gegossen. Ihr schlagt das Eiweiß zu festem Schnee und mischt 2 Eßlöffel Ursüße darunter. Das ergibt eine leicht bräunliche Färbung.
Bei 200° backt ihr den Auflauf etwa 25–30 Minuten in einer geschlossenen Auflaufform.
Sieht er nicht lustig aus mit seiner Schneehaube?

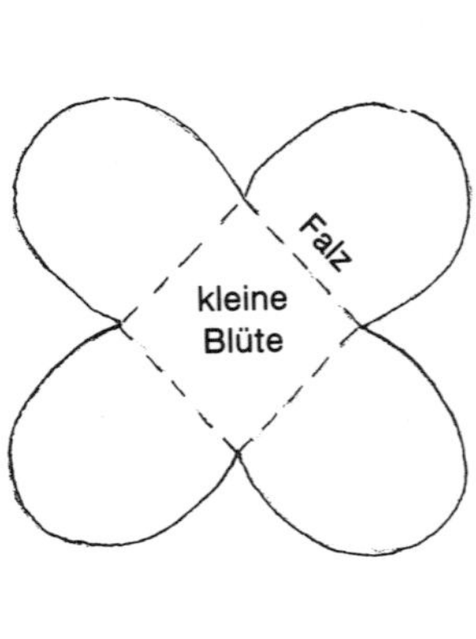

Muttertagsherz mit Blüte

Material:
roter Fotokarton,
grünes Tonpapier
und in beliebigen Farben

Zum Muttertag freut sich Mutti bestimmt über diesen Fensterschmuck. Das Herz wird auf Fotokarton übertragen und sorgfältig ausgeschnitten. Die Blattform aus grünem, die beiden Blüten und der Kreis aus andersfarbigem Tonpapier. Nun werden die Einzelteile in den angegebenen Linien gefalzt und hochgebogen. Einen Aufhängefaden an der oberen Spitze des Herzens befestigen. Darauf die grüne Blattform kleben und versetzt erst die große, dann die kleine Blüte und zum Schluß den Kreis. *(G. Erhardt)*

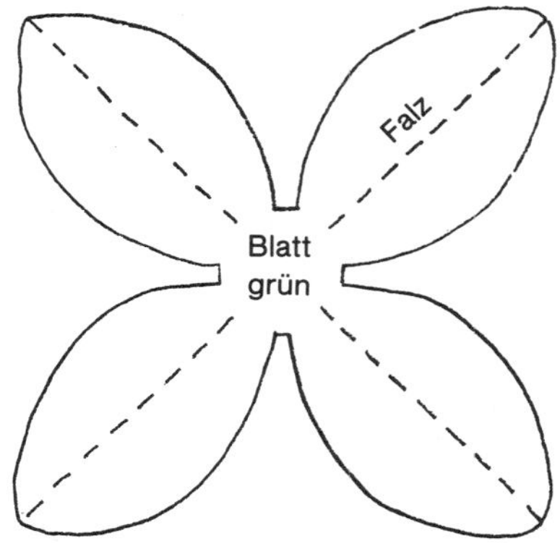

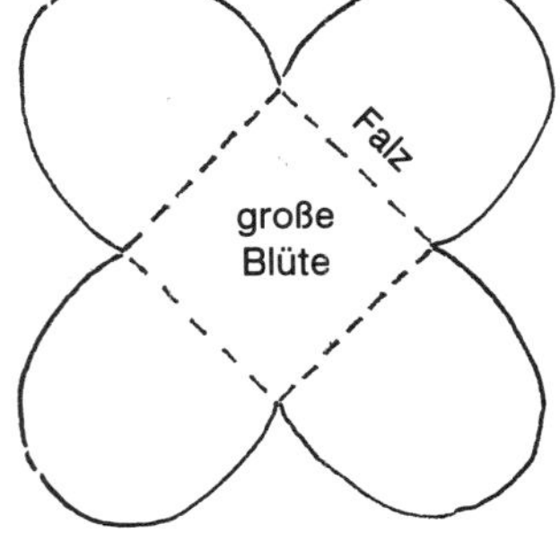

Geschenkkästchen

Material:
Tonpapier
Nadel und Perlgarnfaden
Kräuselband

Ein Tonpapierquadrat (z. B. 16,5 × 15,5 cm) ausschneiden, in gleichgroße Quadrate aufteilen und genau auf den Linien falzen. Das Papier auf die Rückseite drehen und die 4 Eckquadrate in den Diagonalen falzen. Nun die Arbeit wieder herumdrehen und die 4 mit ✻ markierten Felder bemalen oder mit Klebebildchen verzieren. Mit der Nadel einen Faden durch die × in den Ecken fädeln, die Enden stramm ziehen und in der Mitte verknoten. Ein zur Schleife gebundenes Kräuselband über dem Faden ist noch ein zusätzlicher Schmuck.

(G. Erhardt)

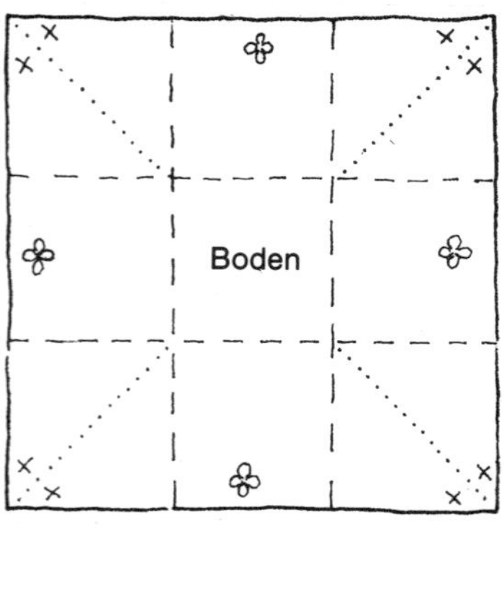

Blumen im Blumentopf

Material:
Joghurtbecher
ein Rest Knetmasse
Schaschlikstäbe
braunes Kreppapier
weißer Zeichenkarton
grünes Tonpapier
Filzstifte

Für eine Blüte zweimal die Blütenform ausschneiden und von einer Seite mit Filzstiften ausgestalten. Die Schaschlikstäbe grün anmalen. Eine Blüte auf der weißen Seite mit Klebstoff bestreichen, den Stab bis zur Mitte darauf legen und die zweite Blüte passend aufkleben. Überstehende Ränder abschneiden. Aus Tonpapier Blätter ausschneiden und am Stiel ankleben.
Den Joghurtbecher mit Klebstoff bestreichen und eine Blumenmanschette darüberziehen. Eine Kugel Knetmasse im Becher festdrücken und die Blumenstiele hineinstecken. Als „Erde“ Kreppkügelchen oder Streifen darüberstreuen.

(G. Erhardt)

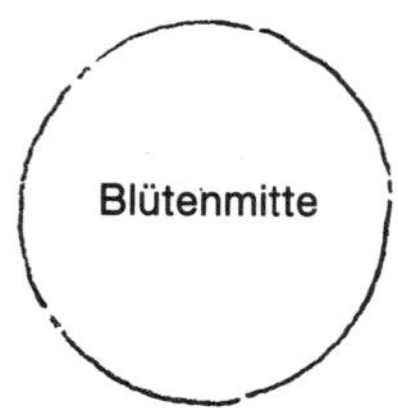

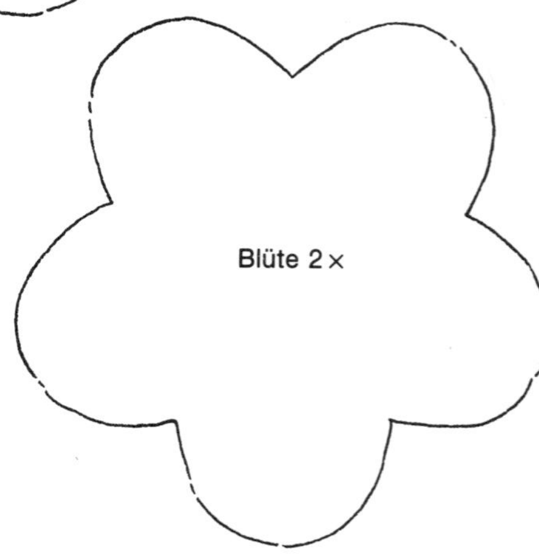

Wir beten und singen im Mai

Im Mai bauen die Vögel ihre Nester. Jeden Morgen liegen auf den Steinen vor unserm Haus kleine dunkle Erdbrocken. Die hat die Amselmutter aus der Dachrinne geholt. Damit polstert sie ihr Nest aus. Wenn ich ganz leise bin, höre ich es manchmal oben in der Tanne piepsen und zwitschern. Bald werden die Amselkinder ihre Köpfe aus dem Nest herausstrecken.
Um die Lindenblüten summen die Bienen. Und die Marienkäfer tanzen um die bunten Glockenblumen.
Lieber Gott, wir danken dir, daß du uns Bienen und Marienkäfer und Blumen und Vögel geschenkt hast. Wir freuen uns an der grünen Erde mit all ihren Geschöpfen.

Danklied im Mai

Heut freu ich mich, heut freu ich mich,
lieber Gott, die Welt ist schön.
Wir laufen fröhlich auf die Wiesen
und können deine Wunder sehn.

Die Vögel schweben hoch im Blau,
der Himmel spannt sein weites Zelt.
Es grünt und blüht so reich die Au,
ich spür, daß Gottes Hand mich hält.

Juni

Der Juni springt ins hohe Gras,
wir laufen hinterher
und wolln am Bach ein Floß uns bauen,
das bringt uns bis ans Meer!

Da drüben hinterm Weidenbaum
seh' ich ein Rehkitz stehn.
Und Mutter Hase spitzt die Ohren,
ich kann sie wackeln sehn.

Die Welt wird schöner jeden Tag,
das Korn, das schwankt im Wind.
Hoch blase ich die Pusteblumen,
sie fliegen fort geschwind.

Alte Bauernregeln und Volksgut für den Juni

Wenn kalt und naß der Juni war,
verdarb er meist das ganze Jahr.

Reif in der Juninacht
den Bauern Beschwerde macht.

Soll gedeihen Korn und Wein,
muß im Juni warm es sein.

Regen zu Christi Himmelfahrt
macht dem Bauern die Ernte hart.

Nasse Pfingsten,
fette Weihnachten.

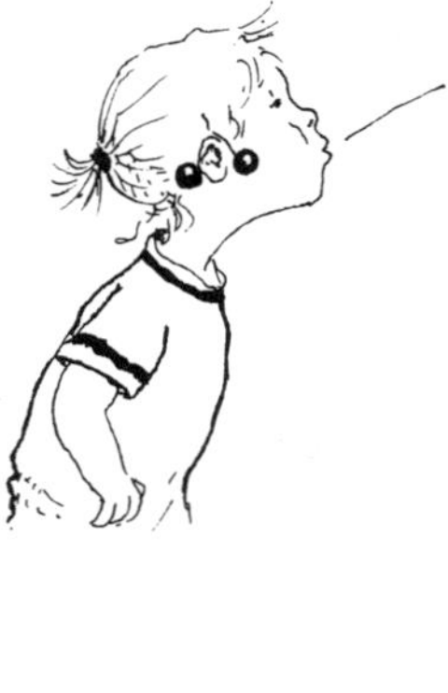

Monats- und Tierrätsel

Wer läßt die Schwalben kreisen
und sperrt die Wolken ein?
Läßt Korn und Kirschen reifen
und laut den Kuckuck schrein? (Juni!)

Hat zwei lange rote Strümpfe,
watet stolz durch Moore, Sümpfe.
Und der Schnabel klappert – horch!
Ja, das ist der große … (Storch)

Die Störche sind wieder da

Oben auf dem Dach der alten Kirche ist ein großes Wagenrad befestigt. „Ob die Störche wohl dieses Jahr wiederkommen?“ fragt Dirk. „Mein Vater sagt, früher haben die Störche jedes Frühjahr oben ihr Nest gebaut. Aber nun ist die sumpfige Wiese trockengelegt worden. Seitdem hat man sie nicht mehr gesehen.“ „Vielleicht haben wir dieses Jahr Glück!“ meint Peter. „Am See quaken jeden Abend so viele Frösche!“
Weit stehen die Fenster vom Kindergarten offen. Die Sonne malt Kringel an die Wand. Die Erzieherin singt den Kindern ein neues Storchenlied vor.

Klipper, klapper langer Schnabel,
komm doch her aus Afrika.
Klipper, klapper, weiße Flügel,
sagt, wann seid ihr endlich da?

Hin und her in hohem Bogen
spannt ihr eure Flügel aus.
Weit von Süden hergezogen
brütet oben auf dem Haus.

Klipper, klapper rote Strümpfe,
linkes Bein und rechtes Bein.
Oben auf dem Kirchendach
baut ihr euer Nest so fein.

Bis zum Herbst seid ihr zu Gaste,
wenn die kalten Winde wehn
müßt ihr wieder, liebe Störche,
auf die lange Reise gehn.

Klipper, klapper tönt es plötzlich von draußen herein. Die Kinder springen auf. Die Störche sind da!
Der Storchenvater klappert oben auf dem Nestrand seinen Storchenruf: „Das ist mein Nest! Nur meine Storchenfrau darf hinein!“ Wehe, wenn die andern Störche in die Nähe kommen! Er schwenkt seinen roten Schnabel in die Höhe. Die Storchenfrau hat schon frische Reiser und Torfstücke im Schnabel. Hin und her fliegen die fleißigen Storcheneltern. Sie spazieren rings im Kreis um das Nest herum, bis es ganz fest ist. Jeden Morgen bewundern die Kinder die schönen großen Tiere auf dem Kirchendach. „Jetzt macht der Kindergarten richtig Spaß!“ ruft Dirk, „und ganz toll wird es erst, wenn die kleinen Jungstörche im Nest stehen.“

Kannst du reimen?

Stri–Stra–Strohhalm du,
schöne Seifenblasen
schweben leicht und kunterbunt
über unserm ... (Rasen)

Stri–Stra–Strohhalm du,
zaubre Seifenblasen!
Setzt euch sanft auf bunte Blumen
und auf Hasen ... (... nasen)

Stri–Stra–Strohhalm du,
blase, blase, blas!
Und der Wind treibt's leicht empor
übers grüne ... (Gras)

Abzählverse

Bimmel, bammel, beier,
das Huhn, das legt fünf Eier.
Der Hahn, der krächzt noch laut dazu,
und raus bist du!

Bimmel, bammel, bommel,
die Katze schlägt die Trommel.
Die Mäuschen laufen fort, juchhu,
und ab bist du!

1–2–3–4–5–6–7,
Mäuslein sind im Loch geblieben.
Mäuslein, kommt aus eurem Haus,
und du bist raus!

Mückentanz

Dideldum!
Summ, summ, summ!
Das ist zum Entzücken!
Nun tanzen die Mücken,
die schnellen Gestalten,
so leise im Kreise,
so wohlig und munter,
hinauf und herunter!
Dideldum, dideldum!
Summ, summ!
Immer herum,
dideldum!
Immer herum,
summ, summ!

Heinrich Hoffmann
von Fallersleben

Die Geschichte vom Sperling, der bunte Federn haben wollte

Es war einmal ein kleiner grauer Sperling. Er saß oben auf der Eiche hinter der Scheune des alten Bauernhauses. Die Sonne schien auf das kleine graue Köpfchen, bis er ganz müde wurde. Er klappte ein Auge auf – ein Auge zu. Da – was war das? Ein wunderschönes Tier stolzierte unter ihm entlang. Seine Federn glänzten in der Sonne. Es schlug sogar ganz stolz ein prächtiges buntes Rad, daß alle die Farbenpracht seiner Federn bewundern konnten. Der Sperling sah, wie die anderen Vögel im Baum neugierig ihre Hälse streckten. Das Rotkehlchen mit den schönen roten Brustfedern, der Dompfaff mit dem schwarzen Köpfchen, die Schwalben mit ihren glänzenden schwarz-weißen Federn und die Grünfinken mit ihrem leuchtenden Federkleid. „Alle Tiere sind so prächtig angezogen!" piepste der kleine graue Sperling.

Ach, wär ich doch auch so schön,
glänzend wünsch' ich mein Gefieder.
Doch ich seh' am Brunnenrand,
ach, mein graues Kleid stets wieder.

dachte er traurig. Da spürte er, wie es in ihm ruckte und zuckte. Seine Federn wurden länger und länger, und als er sich mit dem Schnabel über die Flügel streichen wollte, sah er, daß er leuchtend rote und blaue Schwanzfedern bekommen hatte. „Ich muß zum Brunnenrand fliegen!" piepste er, „ich muß unbedingt meine Federn am Kopf und unter dem Schnabel betrachten!" Er schwang sich von seinem Ast und flog hinunter zum Wasser. Ein buntes glänzendes Bild schimmerte ihm entgegen.

Ach, wie bin ich jetzt so schön
bunter als der stolze Hahn!
Kommt, ihr Schwalben, Amseln, Meisen,
schaut mich Wundervogel an!

sang er aus voller Kehle. Da kamen die Bauernjungen aus der Scheune gerannt. „Fangt ihn! Fangt ihn!" rie-

fen sie. „Den sperren wir in einen Käfig! Der Vogel ist ja viel bunter als unser Wellensittich!"
Der arme Sperling flog entsetzt auf den Gartenzaun. Die Jungen liefen hinter ihm her. „Ein Netz müßten wir haben!" riefen sie. „Mit einem Netz können wir ihn fangen!"
Da schwirrte der Sperling zurück auf seine alte Eiche und piepste ängstlich: „Schilp, tschilp!"
„Wenn wir ihn nicht kriegen, schießen wir ihn mit der Steinschleuder herunter!" riefen die Jungen zornig. Schon spannte ein Junge seine Schleuder – da wachte der Sperling auf.
Alles war nur ein Traum gewesen. Zufrieden kuschelte er sich mit seinen grauen Federn in das Laubwerk. Hier konnte ihn keiner entdecken. Und er piepste ganz fröhlich:

Ach, wie gut, daß meine Federn
alle grau geblieben sind,
denn ich bin ein liebes, kleines
graues hübsches Sperlingskind.

Der kleine freche Schwalberich

Ein flinker frecher Schwalberich war schon ganz früh im April ins Dorf zurückgekehrt.
Da saß er nun unter dem Scheunendach und fing gleich an, sein Nest zu bauen. Als die anderen Schwalben endlich ganz müde von ihrem langen Flug aus den Ländern um das Scheunentor herumsegelten, zwitscherte ihnen der Schwalberich schon ganz stolz entgegen:

Mein Nest ist stark und fest gebaut,
da hängt es unterm Scheunendach.
Gepolstert ist es, weich und warm,
das macht mir keiner so schnell nach!

„Angeber!" schimpften die anderen Schwalben. Aber ihre Nester waren eben noch lange nicht fertig.

Der flinke freche Schwalberich schwang sich hoch in die Luft und ließ sich von den Winden immer höher tragen. Er segelte über dem großen Baggersee. Tief unter ihm lagen die grünen Roggenfelder und die langgestreckten gelben Rapsfelder.

So schnell kann sich keiner schwingen,
immer höher geht mein Flug.
Und es blitzen meine Flügel,
nie krieg' ich davon genug.

jubelte der Schwalberich. Er schwang sich pfeilschnell auf das Scheunendach und spreizte seine Schwanzfedern. „Angeber", schimpften die anderen Schwalben. Aber sie merkten schon, daß keiner von ihnen so hoch fliegen konnte.
Der Schwalberich hob sich fort vom Scheunendach und zog um den Kirchturm seine Kreise. Weit hielt er den Schnabel offen und haschte im Fluge nach den Mücken und Fliegen.

So viel Mücken fängt hier keiner,
ich krieg' meine Jungen satt.
Ha – die freun sich, weil nicht jeder
solchen Schwalbenvater hat.

prahlte der freche Schwalberich. „Angeber", schimpften die anderen Schwalben. Sie sahen neidisch, daß die Schwalbenkinder des Schwalberichs zufrieden und satt am Rand des Nestes hervorschauten, während ihre Jungen hungrig ihre Schnäbel aus dem Nest reckten und nach Futter piepten.
Eines Morgens war der Schwalberich schon früh auf Mückenfang geflogen. Der Himmel hatte sich bezogen und die Mückenschwärme flogen ganz niedrig über der Erde. Wupp – wupp – der Schwalberich schoß flach über den Boden dahin. Er zog Bogen und Kreise über dem Gemüsegarten und wagte sich immer näher an das alte Bauernhaus heran.

Die Bäuerin hatte gerade die Fenster geputzt; hinter den blanken Scheiben standen große blühende Geranientöpfe.
Wupp – segelte der Schwalberich heran und – spürte einen schrecklich dumpfen Schmerz. Fast betäubt fiel er auf die harten Steine der Terrasse. Mit ein paar zappelnden Flügelschlägen konnte er sich gerade noch unter das große grüne Rhabarberblatt retten. Ängstlich piepsend flog die kleine Schwalbenfrau über den Garten.
Der graue Tigerkater schlich lauernd zwischen den Beeten umher. „Bitte, helft ihm!" piepste sie ängstlich den anderen Schwalben zu. „Lenkt ihn ab – den bösen Kater!"

Das passiert dem frechen Flitzer,
wie kann so was nur geschehn!
Ja, so kann es einem großen
Prahlehans auch mal ergehen!

höhnten einige Schwalben. Andere aber hatten Mitleid mit dem armen Schwalberich. Pfeilschnell schossen sie immer wieder über den grauen Räuber hinweg. Sie stießen zornige Pfiffe aus, bis sich der Kater verärgert ins Haus zurückzog.
Gegen Abend wagte sich der Schwalberich hervor. Mühsam flatterte er bis zum Scheunendach empor und piepste ganz leise:

Niemals will ich euch mehr ärgern
oben auf dem Scheunendach.
Wie ihr mir geholfen habt,
so was macht euch keiner nach!

Und – o Wunder – alle seine fünf kleinen Schwalbenkinder sind wie die anderen Schwalben geworden. Die Schwalbenfrau hat im stillen gedacht: Gott sei Dank – fünf kleine Angeber-Schwälbchen, das wäre wirklich zuviel gewesen!

Die Geschichte vom guten alten Mond

Der Nußbaum vor dem Haus warf lange Schatten. Die Abendwolken bekamen rote Ränder. Langsam sank die Sonne tiefer und tiefer und verschwand hinter den Bergen. Über dem Hang kroch der Mond höher und höher. Nun stand er voll und rund am Himmel, und die ersten Sterne blitzten auf.
Das freundliche Gesicht des guten Mondes sah heute ganz ärgerlich aus. „Jeden Abend dasselbe!" brummte er, „wie oft soll ich euch noch sagen, daß ihr endlich schlafen gehen sollt." Er schickte einen langen leuchtenden Mondstrahl zu den Glockenblumen und den Gänseblümchen auf der Wiese. „Gleich, gleich!" bettelten die Blumen, „wir müssen doch unsere Kelche noch offen halten, die Bienen wollen noch Nektar naschen!" „Nichts da!" brummte der Mond, „die Bienen sind alle im Bienenstock! Und die anderen Blumen schlafen auch schon!" Sing uns doch noch das Abendlied vor!" bettelten die Blumen. Der Mond sang mit sanfter tiefer Stimme:

Glockenblumen, Gänseblümchen,
laßt das Blühen sein!
Denn jetzt will es Abend werden,
schlaft nun, schlaft nun ein!

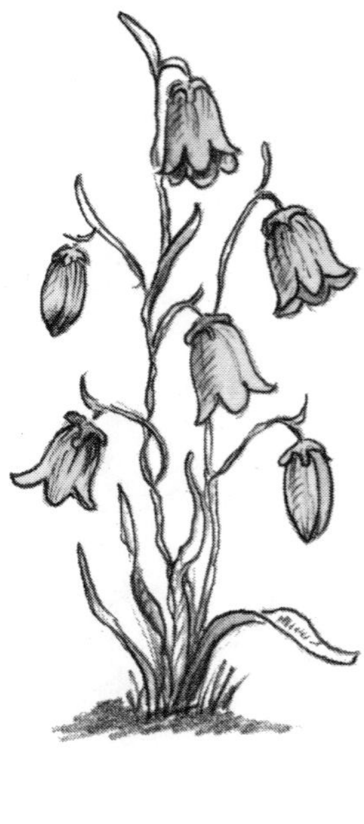

Da falteten die Glockenblumen ihre Kelche zusammen, und die Gänseblümchen schlossen ihre Blütenblätter.
„Was muß ich denn dort noch sehen!" seufzte der Mond mißmutig. „Da flattert doch der kleine freche Schmetterling immer noch auf der Wiese herum! Marsch! Kriech unter die großen Farnblätter! Du weckst ja die kleinen Mücken und Fliegen auf. Oder soll ich der alten Nachteule Bescheid sagen! Die wird dich wegschnappen!"

„Nein, nein!“ rief der kleine Schmetterling ängstlich und war schon unter dem hohen Blätterdach der Farne verschwunden. „Lieber Mond, sing mir doch noch dein Schlaflied vor!“ bettelte er. Und der gute alte Mond sang:

Kleiner, frecher Schmetterling,
laß das Flattern sein!
Denn jetzt will es Abend werden,
schlaf nun, schlaf nun ein!

Die Strahlen des Mondes wanderten weiter. „Was ist das!“ brummte der Mond, „da sitzt doch wirklich noch ein glänzender roter Marienkäfer auf dem Löwenzahnblatt und krabbelt und krabbelt! Wirst du wohl unter den großen Stein kriechen! Hörst du, der Igel tappt schon durchs feuchte Gras. Soll ich ihm Bescheid sagen?“
Kribbel, krabbel, schon war der Marienkäfer unter dem großen Stein verschwunden. Nur die Fühler streckte er noch ein paarmal hervor: „Bitte, lieber Mond, sing mir doch dein Schlaflied vor!“ bettelte er. Und der gute alte Mond sang:

Kleiner roter Krabbelkäfer,
laß das Krabbeln sein!
Denn jetzt will es Abend werden,
schlaf nun, schlaf nun ein!

Die Strahlen des Mondes wanderten höher. „Da segeln doch tatsächlich die jungen Schwalben noch hoch über den Apfelbäumen“, brummte der Mond. „Und sie sollten doch längst in ihr Nest unter dem Scheunendach geschlüpft sein. Na, wird's bald!“ schimpfte er. „Oder ich sag' dem Nachtwind Bescheid, der wird euch hin- und herpusten, daß euch Hören und Sehen vergeht!“
Schwupp – im Sturzflug ließen sich die Schwalben niederfallen und schlüpften ins warme Nest hinein. Noch einmal streckten sie die kleinen Köpfe hervor. „Sing uns doch noch dein Abendlied vor!“ bettelten sie. Der gute alte Mond sang:

Kleine schnelle schwarze Schwalben,
laßt das Fliegen sein!
Denn jetzt will es Abend werden,
schlaft nun, schlaft nun ein!

„So, nun schlafen alle kleinen Tiere!" dachte der Mond. Seine Strahlen wanderten am Waldrand entlang. Was war das? Da spielten doch wirklich noch die kleinen braunen Hasen vor ihrem Bau. Die alte Häsin hatte ihnen schon ein paarmal mit den Löffeln über die Ohren gehauen. Aber die Kleinen konnten ja nicht hören! „Der Fuchs wird sie holen!" brummte der Mond. „Der liegt schon auf der Lauer! Ab in den Bau mit euch!"
Wupp, wupp, mit ein paar hohen Sätzen waren alle kleinen Hasen im Bau verschwunden. Ihre braunen Augen blinzelten vorsichtig noch einmal hervor. „Bitte sing uns doch dein Schlaflied vor!" bettelten sie. Der gute alte Mond sang:

Flinke Häschen, braune Häschen,
laßt das Spielen sein!
Denn jetzt will es Abend werden,
schlaft nun, schlaft nun ein!

„So, nun hab' ich meine Ruhe!" dachte der Mond. Er leuchtete über die Häuser hin und schickte einen glänzenden Strahl auf die Kirchturmspitze, wo der Wetterhahn saß. Ganz unbeweglich hockte er da, denn auch der Nachtwind hatte sich zur Ruhe gelegt.
„Nun schlafen auch die Menschen allmählich ein," dachte der Mond. Hinter den Fenstern gingen langsam die Lichter aus. Aber da – was war denn das? Da war doch der kleine Martin wieder aus dem Bett gekrabbelt, hatte die Nachttischlampe angeknipst und den Vorhang aufgezogen. Er guckte zu dem Großen Wagen hoch, der glänzend über dem Haus stand.
„Martin, willst du endlich schlafen!" brummte der Mond. „Alle kleinen Tiere und alle kleinen Menschen sind schon längst eingeschlafen. Marsch, ins Bett mit

dir. Sonst zieh ich mir den Wolkenvorhang vors Gesicht, und die Sterne kannst du dann auch nicht mehr sehen! Komm, ich leuchte dir!“ Ein heller Mondstrahl fiel ins Zimmer. „Erzählst du mir auch eine Geschichte?“ fragte Martin. „Aber erst, wenn du in deinem Bettchen liegst!“ brummte der Mond. Schnell schlüpfte Martin ins Bett und zog die Decke hoch. Und der Mond fing mit seiner tiefen warmen Stimme an zu erzählen von den Glockenblumen, von den Gänseblümchen, von dem Schmetterling und dem Marienkäfer, von den Schwalben ...
Bei den kleinen Hasen wurde seine Stimme leiser und leiser. Aber da war Martin schon eingeschlafen. Und der Mond flüsterte noch:

Kleiner Martin, lieber Martin,
schlüpf ins Bett hinein!
Denn nun ist es Nacht geworden,
schlaf nun, schlaf nun ein!

Rätsel

Wie es uns neckt,
den Hals gereckt,
den Schwanz gestreckt,
sich schnell versteckt.
Wie es fliegt und sich biegt.
Hast du’s entdeckt? (Eichhörnchen)

Liebe Vögel, spitzt das Ohr!
Wer ruft so laut, so seht euch vor!
Bewacht das Nest tagaus, tagein,
sonst legt er euch sein Ei hinein. (Kuckuck)

Meinen Namen ruf ich laut,
hab’ niemals mir ein Nest gebaut.
Bei fremden Nestern schau’ ich rein
und lege schnell mein Ei hinein. (Kuckuck)

Katzenmusik

Miau – miau!
Hinterm Strauch
ein Amselbauch.
Hinter dem Hügel
ein wippender Flügel.
Über dem Grashalm
ein gelbes Ding
ein kleiner flatternder
Schmetterling.
Da raschelt was!
Zwei Mäuse im Gras!
Auf dem Dach
schimpft der Spatz:
Hau ab, böse Katz!
Ich sag’ Bello Bescheid.
Da macht die Katz
einen Satz
ganz weit
rauf auf den Baum!
Aus ist der Traum –
aus, aus
von der dicken fetten Maus.
Miau – miau!

Frühlingsfest am Teich

Text: Barbara Cratzius
Melodie: Paul G. Walter

2. Da wird ganz toll Musik gemacht,
die Frösche spielen Flöte.
Die Grille zirpt und geigt zum Tanz,
und lauthals quakt Frau Kröte.

3. Die Frösche schwenken ihren Bauch,
es blubbert die Forelle,
und drüber schwebt im Mondenschein
die lustige Libelle.

4. Herr Enterich mit grünem Hals,
der schwenkt herum den Biber.
Der alte Karpfen stöhnt und schimpft:
„Die Ruhe wär mir lieber!"

5. Der Mond tanzt mit im dunklen Teich,
wer hätte das gedacht?
Und keiner will nach Hause gehn
in dieser Frühlingsnacht.

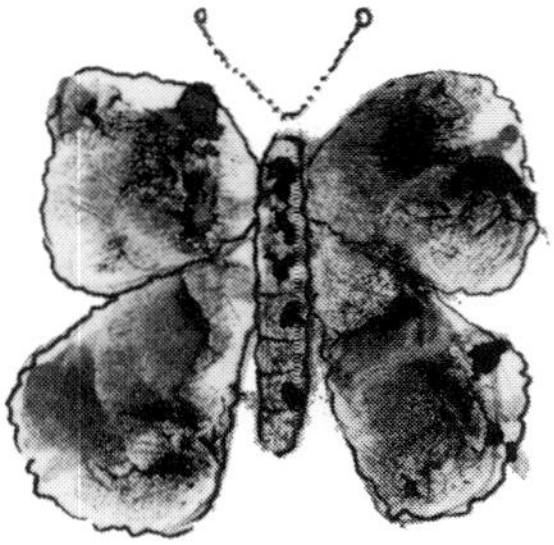

Malspiel im Sommer

Jetzt drucken wir einen schönen Kreis,
das wird die Sonne, die brennt ganz heiß.
Und nun kommt ein zartes leichtes Ding:
da flattert ein lustiger Schmetterling.
Der will zu der Blume, die blüht ganz versteckt,
der süße Nektar so gut ihm schmeckt.
Nun summt noch eine Biene hinzu,
die nascht den Honig immerzu.
Dann fliegt sie in ihr Bienenhaus,
und nun ist die Geschichte aus.

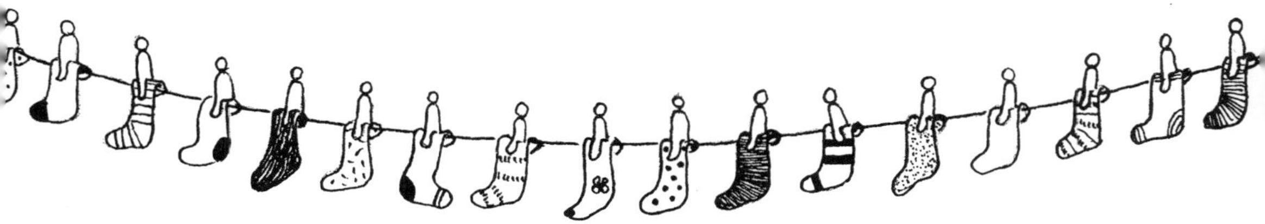

Malspiel vom Tausendfüßler

Was läuft denn da auf dem Papier?
Viele kleine Kreise malst du dir.
Immer lang und länger wird das Tier,
ich glaub', ein Tausendfüßler kriecht hier.
Nun kriegt er auch noch ganz viel Beine,
da kriecht er über Sand und Steine.
O weh – wer kauft ihm so viel Schuh'
und tausend bunte Socken dazu?
Am Waschtag, da flattern sie von der Leine,
wie gut – ich hab' nicht so viel Beine!

Sag mir, wieviel ist die Uhr?

Alle deine lieben Tiere
sind schon ganz früh aufgewacht.
Teddybär und Hund und Katze,
Michael, es ist schon acht!

Aufgestanden und gewaschen,
bald ist's neun, kannst du es sehn?
Nun darfst du mit Heinz und Ingrid
in den Kindergarten gehn.

Bis um zehn spielt ihr mit Autos,
baut aus Klötzen euch ein Haus.
Michael gräbt einen Tunnel
und kippt bunte Steine aus.

Nun könnt zeichnen ihr und kneten,
bis um 11 sitzt ihr am Tisch.
Heinz bastelt ein großes Flugzeug,
Michael, der malt ein Schiff.

12 Uhr hat's vom Turm geschlagen,
guckt die beiden Zeiger an!
Großer Zeiger, der rückt weiter,
weil er schneller laufen kann.

„Ingrid" ruft um 1 die Mutter,
hol die Gläser, Teller her!
Laß die große Schüssel stehen,
denn die ist für dich zu schwer!

Und um 2 lauft ihr zum Spielplatz,
Michael will erster sein,
klettert auf die rote Rutsche,
hoppla, Bahn frei, das geht fein!

Ingrid schiebt den Puppenwagen
mit dem Puppenkind herbei,
gibt dem Püppchen Milch zu trinken,
horch – nun schlägt es auch schon 3!

Aus dem Fenster ruft die Mutter:
„Michael, es ist schon 4!"
Auch die andern gehn nach Hause,
klingeln dreimal an der Tür.

„Mami, ich hab' solchen Hunger,
gibt's um 5 Milch und Kakao
und ein Stück vom Sonntagskuchen?
Mieze bettelt auch, Miau!

Bald ist's 6, wasch dir die Hände,
räum die Spielsachen noch fort!
Michael stellt alle Tiere,
alle Autos schön ins Bord.

Sandmännchen, das kommt um 7,
Mond scheint schon ins Fenster rein.
Alle Tiere, alle Puppen,
alle Kinder schlafen ein.

Zu diesen Versen kann eine große Pappuhr mit Zeigern gebastelt werden. Die Kinder können beim Drehen der Zeiger von ihren Tageserlebnissen erzählen.

Kitzelgeschichten vor dem Einschlafen

„Es kitzelt, es kitzelt!“
sagt am Baum die Rinde.
„Laß das sein! Laß das sein!
Du Käfer, frech und klein!“
„Ich flieg’ ja schon fort
und such’ mir zum Kitzeln einen anderen Ort!“

„Es kitzelt, es kitzelt!“
sagt der Halm auf der Wiese.
„Laß das sein! Laß das sein!
Du Schmetterling mit den gelben Flügeln dein!“
„Ich flattre schon fort
und such’ mir zum Kitzeln einen anderen Ort!“

„Es kitzelt, es kitzelt!“
sagt der Stein am Wegesrand.
„Laß das sein! Laß das sein!
Du Eidechse, laß das Schwänzeln sein!“
„Ich kriech’ ja schon fort
und such’ mir zum Kitzeln einen anderen Ort!“

„Es kitzelt, es kitzelt!“
sagt das Kind in seinem Bettchen.
„Laß das sein! Laß das sein!
Du heller Strahl im Abendsonnenschein!“
„Ich wandre schon fort
und such’ mir zum Scheinen einen anderen Ort.
Schlaf ein mein Kind, schlaf ein!“

Kreisspiel zur Kitzelgeschichte

Zunächst liest die Erzieherin das Kitzelgedicht vor. Dann bilden die Kinder einen Kreis. Jedes Kind stellt einen Baum dar. Ein Kind wird zum Käfer bestimmt, der um den Kreis herumläuft. Auf dem Klangholz wird ein Rhythmus geschlagen, zu dem die Kinder flüstern: ... es kitzelt ... es kitzelt ... Die Kinder dürfen sich nicht umdrehen. Nach einer Weile sucht sich der Käfer ein „Opfer“. Es kitzelt ein Kind am Hals oder unter den Armen. Das gekitzelte Kind versucht, den Käfer zu fangen. Wenn es ihn erwischt hat, darf es das nächste Tier (Schmetterling) darstellen. So geht es bis zur letzten Strophe weiter. Dabei setzen sich alle Kinder hin. Der „Abendsonnenschein“ wandert ganz langsam um den Kinderkreis herum und berührt zart jedes Kind. Zum Klang des Triangels strecken sich die Kinder zum „Schlafen“ aus, bis alle „eingeschlafen“ sind.
Dieses Spiel kann eine unruhige Kindergruppe durch den Wechsel von Bewegung und Ruhe zu einer ausgeglichenen Gemeinschaft führen.

Fingerspiel von der fleißigen Biene

Kleine Biene, summ, summ, summ,
immer um die Blüten rum.
Steck den langen Rüssel rein,
saug den süßen Honig fein.
Nun fliegst du hin zum Bienenhaus
und lädtst all den Honig aus.

Die linke Hand wird zur Blüte geformt, die rechte Hand fliegt um die Blüte herum. Der Zeigefinger der rechten Hand wird in die Blüte gesteckt. Dann fliegt die Biene über die Wiese und schlüpft in die linke Hand hinein (Bienenhaus), die die rechte Hand fest umschließt.

Wer schleckt vom süßen Honig?

Viele kleine Teddybären
möchten gerne Honig schlecken.
Nun springt los, nun hüpft hoch,
wer kann das Bienenhaus entdecken?

Würfel, Würfel, zeig mir doch
viele schwarze Augen schön.
1–2–3–4–5 und 6
wer darf als erster zum Honig gehn?

Hinter einem Kreidestrich stehen die Kinder. Die Erzieherin wartet mit Honigbonbons etwa 15–20 Meter entfernt hinter einem weiteren Kreidestrich. Die „Bären“ würfeln nacheinander mit dem Schaumstoffwürfel. Sie dürfen je nach Würfelglück einen oder mehrere Schritte vorwärts hüpfen. Der Bär, der als erster den zweiten Kreidestrich erreicht hat, darf am meisten vom Honig schlecken (mehrere Bonbons), die andern bekommen entsprechend weniger.

Wir malen Bilder im Juni

Spring im Juni an das Wasser,
tusch' ein tiefes, blaues Meer.
Und mit bunten Fingerfarben
tanzen Segel hin und her.

Nun mal euren bunten Garten,
Fingerhut und roter Mohn.
Margueriten und Lupinen,
auch die Rosen blühen schon.

Mal auch euren Kindergarten,
Wippe, Palisadenzaun.
Schaukel und die Kletterstangen,
Kinder, die mit Klötzen baun.

Lustiger Bastelspaß

Korken-Enten im Teich

Material:
große runde Käseschachtel oder flacher Karton
Korken,
weißer Karton
Filzstifte

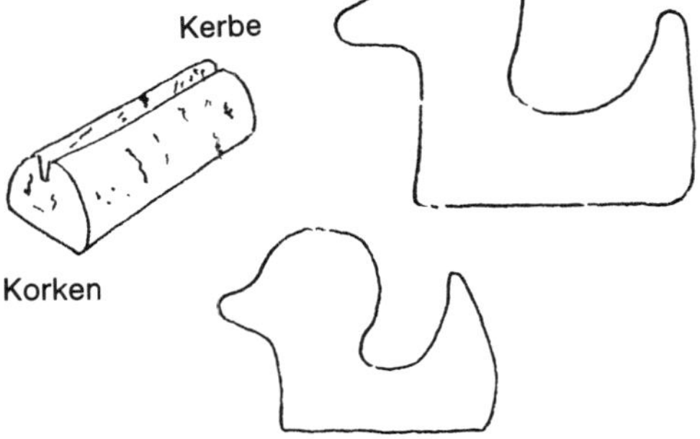

Für den Teich die Innenseite der Schachtel blau anmalen oder mit blauem Papier belegen. Den äußeren Rand mit ausgeschnittenem Gras, Rohrkolben usw. bekleben.
Die Entenformen aus weißem Karton ausschneiden und beidseitig mit Filzstiften ausgestalten. Einen Korken der Länge nach halbieren, in die Mitte der Rundung eine Kerbe schneiden und die Ente einkleben. *(G. Erhardt)*

Schafe auf der Weide

Material:
grünes und
schwarzes Tonpapier
weiße und
braune Schafwolle
Klebstoff

Nimm ein Blatt grünes Tonpapier, das ist die Weide. Male mit feinem Bleistiftstrich einige Schafe auf das Papier.

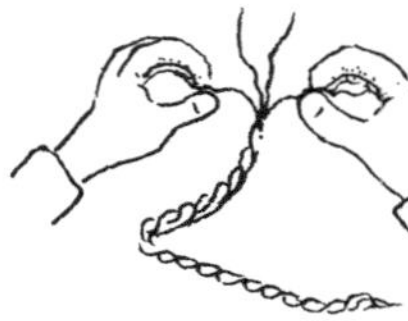

Zupfe weiße und braune Wollfäden auseinander. Rolle die gezupfte Wolle zwischen den Handflächen zu kleinen Kugeln.
Klebe die Wollkugeln auf die gemalten Schafrümpfe, bis die Tiere ein ganz weiches Fell haben.
Für die Köpfe der Schafe klebst du gesponnene Wollfäden in dichten „Schnecken" auf das Papier.
Jetzt braucht jedes Schaf Beine, Schwanz und Ohren aus Wollfäden.
Die Augen schneide aus schwarzem Papier aus.
(E. Scharafat)

Süße Nudeln „Sommertraum“

300 g Vollkornnudeln
3 Eßl. gemahlene Mandeln
3 Eßl. gemahlene Haselnüsse
3 Eßl. Honig
3 Eßl. Preiselbeermarmelade
2 Messerspitzen gemahlene Vanille und Zimt
6 Eßl. Sahne
1 Ei

Zunächst kocht ihr die Nudeln nach dem Rezept auf S. 45 ab. Dann mischt ihr die Nüsse und Mandeln mit dem Honig und der Marmelade. Nun gebt ihr abwechselnd eine Schicht Nudeln und eine Schicht Nußmus in eine gefettete Auflaufform.
Am Schluß gießt ihr die verquirlte Sahne mit dem Ei darüber.
Stellt die Auflaufform auf den mittleren Rost und backt den Auflauf etwa eine halbe Stunde bei 180 °.
Dazu paßt roter Kirschsaft oder roter Johannisbeersaft.

Kalte Suppe „Frischer Gemüsegarten“

Eine ähnliche Suppe kann man in den heißen Sommertagen in Spanien essen (Gazpacho). Das ist eine erfrischende, urgesunde Spezialität. Ich habe sie für deutsche Verhältnisse ein bißchen abgewandelt.

Ihr braucht: eine grüne Paprikaschote, zwei Knoblauchzehen, fünf Tassen Wasser, ½ Tasse Öl, vier geschälte Tomaten, Salz, Pfeffer, Obstessig nach Geschmack, 1 Tasse feingebröseltes Fladenbrot oder anderes Vollkornbrot.
Wenn es keine frischen Tomaten gibt, dann eignet sich auch sehr gut fertiges Tomatenpüree, das es von verschiedenen Firmen gibt.
Ihr zerdrückt die Konblauchzehen und gebt sie mit der zerkleinerten Paprikaschote, den Brotkrumen und dem Öl in einen Mixer. Zum Brei gebt ihr die Tomaten und gießt am Schluß Essig und Wasser zu und schmeckt mit Salz und Pfeffer ab.
Im Kühlschrank muß die Suppe mindestens zwei Stunden kühl stehen.
Ihr reicht in bunten Schüsseln kleine Gurkenstücke und kleingeschnittenes Fladenbrot, das sich jeder Gast über die fertige Suppe füllt.
Weil dieses Gericht nicht erhitzt wird, bleiben alle wertvollen Vitamine erhalten.

Wir beten und danken

Im Juni fahre ich so gern mit meiner Mutter in den Wald. Da gibt es viel zu entdecken. Wir setzen uns auf eine Wiese am Waldrand. Manchmal ruft von fern ein Kuckuck. Oft hören wir den schnarrenden Warnruf des Eichelhähers. Ich beobachte so gern die Schmetterlinge, wie sie von Blume zu Blume tanzen. Sie haben so zarte Flügel mit schönen bunten Farben.
Lieber Gott, du hast die Blumen auf der Wiese, die Beeren und Pilze im Wald und die hohen Tannen erschaffen. Auch die zarten bunten Flügel der Schmetterlinge sind dein Werk. Wir danken dir dafür.

Danklied im Juni

Heute fahrn wir in den Wald,
bei den Hecken, bei den Buchen
wolln wir nach den Häschen sehn,
süße Walderdbeeren suchen.

Miezekatze sitzt im Korb,
Sonne brennt vom Himmel warm,
ich sitz' vorn auf Mutters Fahrrad,
und mich hält ihr lieber Arm.

Juli

Der Juli schenkt uns hitzefrei
und rotes Himbeereis,
auch schöne lange Sommerferien
und Sonne, hell und heiß.

Wir holen unsre Schaufeln her
und buddeln tief im Sand.
Wir treiben auf der Luftmatratze
und sind ganz braungebrannt.

Dann lockt die lange Autobahn.
Könnt ihr die Schlange sehn?
So brausen wir in weite Fernen,
doch auch zu Haus ist's schön!

Alte Bauernregeln und Volksgut für den Juli

Was im Herbst soll geraten,
das muß die Julisonne braten.

Ist's zu Vierzehnheiligen schön,
werden viele gute Tage vergehn.

Juli trocken und heiß,
klebt dem Bauern die Hose am Steiß.

Wenn's im Juli
nicht donnert und blitzt,
wenn im Juli
der Schnitter nicht schwitzt,
der Juli dem Bauern nicht nützt.

Einer Reb und einer Geiß
ist's im Juli nie zu heiß.

Monats- und Tierrätsel

Wer bringt den Schwalbenkindern
das Mückenfangen bei?
Und läßt die Grillen springen
im grünen warmen Heu?

(Juli!)

Ich surr' im hohen Wiesengras,
sirr, sirr, sirr, das macht mir Spaß.
Und kommst du her an meinen Ort,
dann springe ich ganz einfach fort.

(Heuschrecke)

Besser als viele Ampeln!

Philipp steht an der Uferstraße und stochert in den Pfützen am Straßenrand. Ein Auto nach dem andern saust vorbei; hoch spritzt das Wasser auf dem Asphalt. Auf einmal hält die Autoschlange an. Eine Entenmutter patscht über den Rinnstein. Pitsch-patsch führt sie ihre fünf Entchen über die Straße. Eins nach dem andern – wie eine artige Reihe Kindergartenkinder watscheln sie zwischen den Autos hindurch auf die andere Straßenseite dem See zu. Immer schneller trudeln die kleinen gelben Wollknäuel auf die Kantsteine zu. Wupp – ein kleiner Schwung mit den Federn – geschickt hüpfen die Entenkinder empor.
Piep, piep – ein kleines Entlein hat den hohen Kantsteinberg nicht geschafft. Ängstlich patscht es in der Regenpfütze am Straßenrand hin und her. Philipp beugt sich hinunter. Vorsichtig nimmt er das kleine Knäuel in die Hand. Es zappelt hin und her. Behutsam trägt Philipp das Entenkind über den Rasen hin zur Uferböschung. Da hocken die andern Entchen, und die Entenmutter lockt aufgeregt: „Gick-gack, seid ihr alle da?"
Nun hat es das kleine Entenkind geschafft: Patschpatsch hüpfen alle hinein in das Wasser. „Gut gemacht, Junge!" ruft ein Autofahrer. Langsam setzt sich die Autoschlange wieder in Bewegung. „So eine Entenfamilie ist besser als viele Ampeln!" denkt Philipp. „Wie schön, wenn die Autos nicht immer wie verrückt am See entlangrasen!"

Abendkonzert

Bim, bam, bommel,
die Katze schlägt die Trommel
Rine, rune, raune,
der Bär, der bläst Posaune.
Wiege, wage, weige,
der Fuchs, der spielt die Geige.
Fli, Fla, Flöte,
horch, es spielt die Kröte.
Grite, Grate, Grete,
der Storch, der bläst Trompete
Fli, Flu, Flaute,
das Reh, das spielt die Laute.
Der Pinguin mit schwarzem Rock,
der dirigiert mit seinem Stock.
Und willst du die Tiere hören und sehn,
mußt du um 10 an den Waldrand gehn!

Kannst du reimen?

Ich habe einen roten Luftballon,
er segelt schnell übers Hausdach da …
(… von)

Der Wind, der zerrt ihn hin und her
nun steigt er höher – immer …
(mehr)

wo über den Bäumen die Schwalben
sich wiegen,
seh' ich ihn steigen, zappeln, …
(fliegen)

Jetzt segelt er über die Wiesen am Fluß
und schickt mir noch einen leuchtenden …
(Gruß)

Dann ist er drüben am Waldrand
verschwunden,
bring ihn mir heim, wenn du ihn …
(gefunden)

Was raschelt in dem gelben Korn?
Eine Maus, die hat den Weg verlorn!
„Ihr lieben Kinder, laßt mich doch,
ich muß ja in mein Mäuseloch,
ich muß nach meinen fünf Mäuslein sehn,
ich lasse ja all die Blümchen stehn
Kornblume, Mohn und Rittersporn,
ich knabbre ja nur das gelbe Korn!"
Victor Blüthgen

Die Geschichte von der kleinen gelben Katze und der Reise in die große weite Welt.

Die kleine gelbe Katze fauchte. Die Geschwister balgten sich um die fette Maus, die die Katzenmutter gefangen hatte.
Wieder einmal hatte die kleine gelbe Katze nichts abbekommen. Der schwarze wilde Kater hatte ihr mit der Tatze um die Ohren gehauen, als sie sich anschleichen wollte. Der kleine graue Kater hatte sie in den Schwanz gebissen, und die andern schwarz-grauen Geschwister hockten nebeneinander am Zaun und maunzten schadenfroh zu ihr hinüber:

Kleine Katze, gelbe Katze,
wie siehst du bloß aus.
Wie die großen Sonnenblume
drüben vor dem Haus!

Kleine Katze, gelbe Katze,
gelb wie Stroh und Heu.
Wer bringt dir denn bloß das Kratzen
und das Fauchen bei?

Sie wußten genau, daß bei diesem Katzenlied die kleine gelbe Katze wütend aufsprang und wild um sich kratzte und fauchte. Aber dann waren die andern schon längst in der Scheune verschwunden. Meistens aber kam die Katzenmutter angelaufen und hieb ihr zornig mit der Tatze über das Fell. „Willst du wohl Ruhe halten!" maunzte sie. Und dann sang sie wütend ihr Katzenlied:

Kleine Katze, gelbe Katze,
immer siehst du böse aus!
Wie der große gelbe Kater
marsch mit dir – ins Haus!

„Nein!" maunzte die kleine gelbe Katze, „ich will nicht ins Haus. Niemand mag mich hier leiden! Ich will fort! In die große weite Welt will ich!"
Sie schlüpfte unter dem Gartenzaun hindurch und lief tippe – tapp – tippe – tapp an den hohen Sonnenblumen und den Erdbeerbeeten vorbei. Auf einem Erdbeerblatt saß eine glänzende braune Schnecke. Die Katze blieb stehen, stupste mit ihrer Pfote an das Schneckenhaus und maunzte:

Guten Morgen, liebe Schnecke,
ich will mir die Welt besehn.
Schau – da liegt die grüne Wiese!
Komm, willst du nicht mit mir ziehn?

„Auf die grüne Wiese?" rief die Schnecke aus ihrem Schneckenhaus her-

vor. „Gibt es da auch schöne feuchte grüne Blätter?“ „Mehr als genug“! maunzte die kleine gelbe Katze. „Morgens ist die Wiese immer ganz feucht, da mach’ ich mir meine schönen weichen Pfoten naß. Brr – ist das eklig!“
„Feuchtes Gras ist wunderbar, ich komm mit!“ rief die Schnecke. „Aber lauf nicht so schnell, ich kann nur langsam kriechen!“ Und gemeinsam machten sie sich auf den Weg zur grünen Wiese. Im hohen Gras watschelten die Gänse und Enten umher und rupften die feuchten Löwenzahnblätter ab. Die Katze fragte eine kleine weiße Ente:

Guten Morgen, kleine Ente,
schau – die Welt ist wunderschön.
Komm doch mit zum Bache runter,
sag, willst du nicht mit uns ziehn?

„Zum Bach, das ist gut!“ sagte die kleine Ente. „Kann ich da auch schwimmen und tauchen?“ „Ganz bestimmt!“ maunzte die gelbe Katze. „Aber lauf nicht so schnell, ich kann nur langsam watscheln!“ schnatterte die Ente, und witschel – watschel – wutschel lief sie hinter den andern her. Am Bach sprudelten und tanzten die Wellen. Die Ente sprang gleich ins Wasser, und die Schnecke kroch an den feuchten Blättern am Bachrand entlang.
Die Glockenblume und die Fingerhüte streckten ihre langen Kelche aus. Kleine Schmetterlinge flatterten um die bunten Blüten. Die Katze suchte sich einen besonders schönen Schmetterling aus, der seine glänzenden Flügel auf einer Marguerite aufgefaltet hatte.

Guten Morgen, bunter Falter,
schau – die Welt ist wunderschön!
Willst du mit zum Kornfeld kommen?
Sag – willst du nicht mit uns ziehn?

„Gibt es im Kornfeld auch bunte Blüten?“ fragte der Schmetterling. Blaue Kornblumen und roter Mohn wachsen da, mehr als genug“, maunzte die Katze. „Oh – da ist es so heiß!“ jammerte die Schnecke. „Oh, da ist kein Wasser!“ schnatterte die Ente. „Wir bleiben auch nicht lange da!“ tröstete sie die graue Katze. „Es gibt ja noch so viel zu entdekken!“

Im Kornfeld hockte ein kleiner brauner Hase. Ganz zusammengeduckt saß er da und zitterte vor Angst. „Wo ist denn deine Hasenmutter?“ fragte die gelbe Katze. „Sie ist in den Wald gelaufen, Futter holen. Ich warte hier schon so lange!“ jammerte das Häschen. „Dann gehen wir sie suchen!“ meinte die Katze. „Aber ich habe Angst!“ klagte das Häschen. „Ach was, wir laufen gemeinsam, da werden wir sie schon finden!“ maunzte die Katze.

Kleines Häschen, dummes Häschen,
schau, die Welt ist wunderschön.
Komm doch mit zum grünen Wald,
sag, willst du nicht mit uns ziehn?

Dunkel ragten die Tannen am Waldrand auf. Der Eichelhäher schnarrte, als er die Tiere kommen hörte. „Ich habe Angst!“ jammerte das Häschen. „Dummes Zeug!“ maunzte die Katze, „du bist doch nicht allein!“ Aber ich will zu meiner Mutter!“ rief das Häschen. Es duckte sich in eine Kuhle und zitterte. Da raschelte es im Gebüsch. Mit großen Sätzen kam die Hasenmutter angesprungen und nahm das Hasenkind zwischen ihre Hasenpfoten. Glücklich kuschelte sich das Häschen an das weiche Fell der Mutter. Die kleine gelbe Katze hatte plötzlich Heimweh. Sie wollte zurück zu ihren Geschwistern, sie wollte zurück zu ihrer Mutter. Sie sagte zum Schmetterling, zur Ente und zur Schnecke:

Hört ihr, meine lieben Tiere,
unsre Reise, die war schön.
Doch nun will ich schnell nach Hause,
sagt, wollt ihr nicht mit mir ziehn?

„Ja, ich will wieder zu meinen Glockenblumen am Bach!“ rief der Schmetterling.
„Ich will wieder zu meinen Erdbeeren im Garten!“ sagte die Schnecke. Und gemeinsam liefen sie heimwärts.
„Unser Ausreißer ist endlich wieder da!“ riefen die Geschwister. „Ohne dich war es richtig langweilig!“ Glücklich und zufrieden schmiegte sich die kleine gelbe Katze an das Fell der Katzenmutter. „Ich lauf' nie wieder weg!“ maunzte die kleine Katze. „Zu Hause ist es am schönsten!“ Und die Katzenmutter schnurrte:

Liebe Katze, gelbe Katze,
lauf nicht in die Welt hinaus.
Alle mögen wir dich leiden.
Bleib bei uns zu Haus!

Abzählreim

Sterne, Mond und Sonne,
der Frosch sitzt in der Tonne.
Der Hund, der sitzt im Hundehaus,
und du bist raus.

1–2–3–4,
hundert Schäfchen schenk ich dir.
Hundert und noch eins dazu,
und ab bist du.

Im Grase
sitzt ein Hase
mit lackschwarzer Nase,
im Klee
schmatzt die Kuh,
und ab bist du.

Mi–Ma–Mondgesicht,
leuchte uns mit hellem Licht,
lösch nicht die Laterne aus,
und du bist raus.

Im Winter bin ich fort,
such' mir 'nen warmen Ort.
Doch 1–2–3
kommt der Frühling herbei:
Oh Glück,
kehre ich zurück.
Ins Moor und in Sümpfen
mit roten Strümpfen.
Und hörst du mich klappern – horch –
dann weißt du: das ist der … (Storch)

1–2–3
wie der Wind
durch die Lüfte geschwind.
Wie ein Vogel fast
fliegt's von Ast zu Ast.
Den Schwanz gestreckt,
den Kopf gereckt,
die Nuß versteckt,
hast du das flinke Tier entdeckt?
(Eichhörnchen)

Viele kleine Sonnen
glühen gelb im Mai.
Silberhelle Schirmchen
treiben bald vorbei.
Puste hoch sie in den Wind!
Fliegt, ihr Flocken, fort geschwind!
(Löwenzahn)

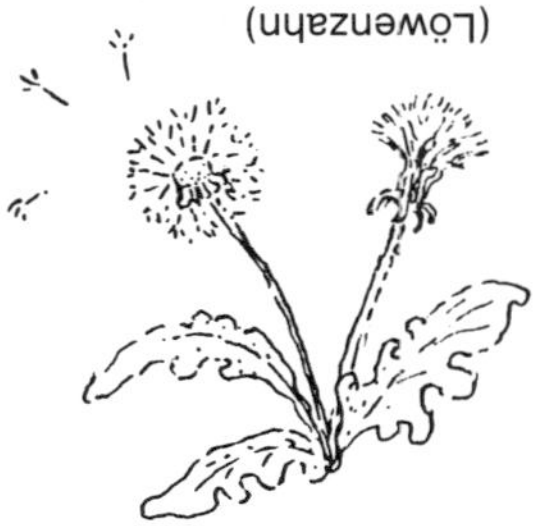

Rätsel-Lied

Ich bin ein fauler Wicht,
ein Haus bau' ich mir nicht.
Ich such' mir eine Frau,
die ist besonders schlau.
Sie mag kein Kindergeschrei,
verschenkt drum jedes Ei.
Warum sind wir beide so scheu?
Weil wir uns schämen
für solch ein Benehmen.
Doch ist's dasselbe Jahr für Jahr:
die andern versorgen die Kinderschar.
(Kuckuck)

Simsalabim – Schnuffi darf wieder Schnuffi sein

Ein Umwelt-Kasper-Spiel

Es spielen mit:	Wir brauchen:
Kasper	alte Dosen
Schnuffi	Pillenschachteln
Umweltteufel	Fahrradspeichen (kleine Spielzeugräder)
Frosch	kleine Plastiktüten
Eule	alte Säcke
Seppl	

1. Szene: Im Kasperhaus

Kasper: Einen wunderschönen guten Morgen, liebe Kinder! Das heißt: eigentlich ist es ja ein wunderschlechter Morgen! Ich konnte nämlich ganz schlecht schlafen. Die Frösche haben mich immer wieder wach gemacht. Und die Amseln haben getschilpt – lauter, als wenn die Katze hinter ihnen her ist. Und der Storch, der hat geklappert wie drei alte Mühlen zusammen! Richtig so ein Wutkonzert war das heute nacht!
Was ist da bloß gewesen?
Schnuffi, du hast doch so eine gute Nase! Du spürst doch immer alles auf. Schnuffi!!

Schnuffi: Wau-wau – Kasper, ich weiß es. Ich bin runter zum See gelaufen und hab' geschnüffelt.

Kasper: Na und – was ist los, Schnuffi?

Schnuffi: Der Umweltteufel ist wieder dagewesen!

Kasper: Dieser gemeine Teufelskerl! Nun hab' ich neulich erst mit Gretel das ganze lange Seeufer und den Wald dahinter saubergemacht. So viele Kinder haben dabei geholfen. Und Schnuffi auch!

Schnuffi: Wau-wau – am schwersten war der halbe Eisschrank, den der gemeine Umweltteufel in den See geworfen hat. Und die verrosteten Fahrradspeichen!

Kasper: Und der Medizinschrank mit den alten Tablettenschachteln und den vielen Röhrchen!

Schnuffi: Und jetzt müssen die armen Fische und die Frösche schon wieder in dem ganzen Müll herumschwimmen! Der See ist ganz braun und ölig geworden!

Kasper: Schnuffi, lauf schon voraus! Ich frag' hier die Kinder, ob sie mitkommen und uns helfen wollen. Und vielleicht kommt auch der Seppl und die Gretel mit. Ach, die Gretel ist ja noch in der Schule. Aber dann kommt sie später nach!
Schnüffel gut herum, daß du herauskriegst, wo sich der Teufel versteckt hat. Der sitzt jeden Tag in einer anderen Räuberhöhle! Aber wir werden ihn schon packen!

2. Szene: Am See

Teufel: (kommt mit Müll bepackt auf die Bühne)

Oh, was muß ich alles tragen,
einen alten Kinderwagen!
Schmutzbeschmierte Plastiksäcke,
eine alte Fahrraddecke
Speichen, Nägel, Farbendosen,
ölbefleckte Arbeitshosen.
In den See hinein – hurra!
Wozu ist das Wasser da!

(Poltern, Platschgeräusche hinter der Bühne)

Kinder, verratet mich bloß nicht! Ich glaub', der Kasper ist schon unterwegs mit dem dämlichen Kläffer, diesen Schnuffi! Der hat so eine schrecklich feine Nase. Der kann zehnmal besser riechen als ich mit meinem Teufelszinken! Ach, da kommen sie schon!
Da bleibt mir nichts anderes übrig als auf den Baum zu klettern! Da kommt er nicht hoch! Ha-ha, der Schnuffi ist doch keine Katze!

(Er klettert am Rand der Bühne hoch, nur sein Kopf ist oben zu sehen.)

Schnuffi: Wau-wau, ich rieche, rieche Teufelsgestank!
Wo ist der Dreckskerl nur? Hu – da oben sitzt er ja! Da paß' ich hier unten auf! Der kommt nicht herunter, der kann da oben sitzen, bis er schwarz wird!
Der Kasper, der kann hochklettern, der wird ihn schon herunterholen!

Teufel: Hau ab, du alter Kläffer! Oder ich verzaubere dich in einen Misthaufen! Oder in ein Stinktier oder in ein Stachelschwein!

Schnuffi: Du kannst ja gar nicht zaubern! Das kann nur die alte Hexe!

Teufel: Ja, aber die hat mir einen Zauberspruch aufgeschrieben, weil ich ihr einen ganzen Tag lang Holz aus dem Wald geholt habe. Ha – und der

Spruch paßt genau auf dich, du dummer Vierbeiner! Und den Zauberstab hat sie mir auch geborgt!
(Teufel hebt den Zauberstab)

Dreimal einen Kreis geschlagen,
Schnuffi, jetzt geht dir's an den Kragen!
1–2–3–4,
auf zwei Beinen stehst du her!
Simsalabim – eh du's gedacht,
fliegen darfst du nur bei Nacht!

(Blitzschlag, Donner; Schnuffi ist fort, Eule erscheint)

Eule: Hu-hu – das Licht ist so grell! Ich kann gar nichts mehr sehen! Ich muß in den Wald fliegen, wo es ganz dunkel ist!
Teufel: Ha-ha, so ist es recht! Und ich hol' noch viel mehr Müll herbei!

(Eule fliegt heulend fort; Teufel klettert vom Baum herunter und ab.)

3. Szene: Am See
(Kasper und Seppl kommen.)

Kasper: Tri–tra–trallala – so jetzt sind wir endlich da! Aber wo ist denn mein lieber Schnuffi? Schnuffi!!
Kinder, wißt Ihr, wo Schnuffi geblieben ist?

(Kinder berichten.)

Kasper: So eine Gemeinheit! Mein armer Schnuffi!
Seppl: Und der See sieht aus wie eine Müllkippe! Guck mal, da schwimmen überall tote Fische herum!
Frosch: Quak, quak, lieber Kasper, hilf uns doch! Bald leben hier überhaupt keine Tiere mehr!
Kasper: Was sollen wir bloß machen, lieber Frosch! Wie finden wir die Eule, ich meine, unsern Schnuffi wieder? Der hat doch die feinste Nase, der spürt jeden Umweltteufel auf!
Frosch: Ihr müßt warten, bis es dunkel geworden ist. Dann wird die Eule herfliegen. Sie setzt sich bestimmt wieder dort oben auf die alte Weide! Das ist ihr Eulenplatz!
Kasper: Kinder, wollen wir warten? Oder habt ihr Angst, wenn es dunkel wird?

(Kinder verneinen.)
(Bühne wird langsam dunkler, der Mond zieht auf – an einer langen Pappstange –)

Kasper: Kinder, ich bin so müde!
Seppl: Ich kann die Augen gar nicht mehr aufhalten!
Kasper: Weckt ihr uns, wenn die Eule oder der Teufel kommen?

(Kinder: ja!)
(Bühne ganz dunkel, in der Ferne Glockenschläge 1 ... 12)

Teufel: (erscheint mit Müllsachen, Kinder schreien ...)

Ihr dummen Kinder! Haltet den Mund! Oder ich verzaubere euch alle in alte Fahrradspeichen! Oder in alte Autoreifen!

(Teufel ab)
(Kasper und Seppl wachen auf)

Kasper: Was ist los, Kinder?

(Kinder berichten)

So was Freches! Paßt nur gut auf, daß ich ihn beim nächsten Mal erwische. Ich bin nämlich schon wieder sooo müde ...!

(Diese Szene: Erscheinen des Teufels, Aufwachen des Kaspers, kann je nach Reaktion der Kinder wiederholt werden)
(Eulenschrei in der Ferne) (Eule erscheint)

Eule: Hu–hu – da ist ja der Kasper!

(Kinder wecken ihn)

Kasper: Oh, liebe Eule, ich meine: lieber Schnuffi, wie kann ich dich bloß erlösen!
Frosch: Ich weiß es! Die Eule muß zum Hexenhaus fliegen! Da liegt das große Zauberbuch! Auf Seite 95 steht der richtige Zauberspruch. Das hat mir meine Urgroßmutter, die alte Kröte, erzählt.
Kasper: Eule, hast du's gehört? Flieg schnell los! Wir warten hier auf dich! Kinder, was macht man bloß, wenn das so lange dauert und man gleich wieder einschläft! Seppl, kitzel mich mal hinter den Ohren! Und unter den Armen! Und an den Fußsohlen! Kinder, seid ihr auch so kitzelig? Hi–hi – nicht so doll – ich kann's ja gar nicht aushalten! Jetzt bist du dran!

(Sie kitzeln sich gegenseitig.)

Eule: Hu–hu – ich bin schon zurück! Hier ist die Seite aus dem Hexenbuch. Die Hexe war gerade in den Wald gegangen! Und den Hexenzauberstab hab' ich auch gefunden!

Kasper: So, Eule, paß auf! Wie gut, daß ich gerade in die Schule gekommen bin und lesen kann!
Oder will ein Kind dabei helfen?

(Eventuell ein Kind mitlesen lassen)

Kasper: (holt den Zauberstab)

Dreimal einen Kreis geschlagen,
Schnuffi, jetzt darfst du wieder jagen!
1–2–3–4,
auf vier Beinen stehst du hier.
Simsalabim, eh du's gedacht,
Schnuffi, du darfst bellen, Tag und Nacht.

(Blitz, Donnerschlag – Eule verschwindet, Schnuffi erscheint.)

Schnuffi: Wau-wau! Kasper, vielen Dank, wau, wau.
War das vielleicht unbequem, immer auf zwei Beinen zu stehen! Und wie mir die Augen wehgetan haben bei dem grellen Licht! Und das Maul vom Hu-hu-Schrein! Kasper, schnell verstecken, ich rieche Teufelsfleisch!

(Alle verstecken sich.)

Teufel: Jetzt noch eine alte Tonne,
voll mit Öl – die reinste Wonne!
Schachteln, Pillen, Salbenreste,
Farbentöpfe sind das Beste!
Ha – mein Sack wird gar nicht leer,
Plastik, Streusalz und noch mehr.
In den See hinein – hurra!
Wozu ist das Wasser da!

(Poltern, Platschgeräusche hinter der Bühne.)
(Kasper, Seppl und Schnuffi stürzen vor und fesseln den Teufel.)

Teufel: Aua-aua, laßt mich los, ich bin ein friedlicher Bürger. Ich bin hier nur so spazierengegangen.

Kasper: Du bist ein richtiges Umweltschwein! Und du kommst 10 Jahre hinter Gitter! Da wirst du kein Unheil mehr anrichten können!

Teufel: Aua-Aua – laßt mich los – Kinder, könnt ihr mir nicht helfen?

(Kinder lachen ihn aus.)

Frosch: (vielleicht kommen auch noch andere Tiere herbei)

Hurra – Kasper hat uns gerettet. Nun wird unser See bald wieder sauber sein!

Kasper: Wir müssen noch so viel Dreck herausholen! So schnell geht das nicht. Kinder, wollt ihr uns helfen? Und paßt ihr auf, daß keiner mehr Plastikflaschen und Plastiktüten im Wald umherschmeißt!

Frosch: Kasper, sing uns doch zum Schluß noch mal dein neues Lied vor:

(Melodie: Alle meine Entchen)

Kasper:

Alle unsre Tiere
in Wald und Flur,
klagen, weinen, jammern,
was soll das nur?

Alle unsre Bäume
klein und groß,
können nicht mehr wachsen,
was ist nur los?

Hört, ihr Menschen alle
in Stadt und Land,
schützt doch Wald und Wiesen,
Wasser und Sand.

Alle wolln wir leben,
groß und klein.
Haltet unsre Erde
gesund und rein!

So, Kinder, auf Wiedersehn bis zum nächsten Mal!
Und wenn ihr wieder mal einen Umweltteufel entdeckt, dann paßt mit auf, daß wir ihn schnappen! Sonst haben wir in ein paar Jahren keinen sauberen Teich und keinen schönen grünen Wald mehr!
Auf Wiedersehen!

Ritter – ratter – Eisenbahn

Text: Barbara Cratzius
Melodie: Klaus W. Hoffmann.

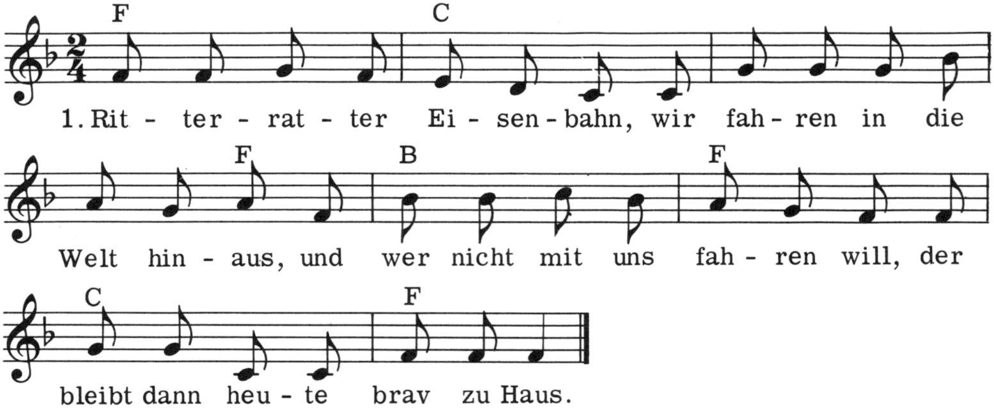

Die Kinder bilden eine lange Kette, die Hände auf den Schultern des Vordermanns.

2. Ritter – ratter – Eisenbahn,
wir fassen uns jetzt alle an,
zehn Wagen und die große Lok,
der kleinste, der hängt hinten dran.

Es kann statt zehn die Anzahl der Spielkinder eingesetzt werden.

3. Ritter – ratter – Eisenbahn,
der Schaffner pfeift laut 1–2–3.
Und langsam, sch – sch – sch – geht's los,
und jeder hebt das Bein dabei.

Ein Kind pfeift, die Schlange setzt sich in Bewegung.

4. Ritter – ratter – Eisenbahn,
wir winken aus dem Fenster raus
denn Opa, Oma, Tante Ruth,
die bleiben heute ja zu Haus.

Alle winken.

5. Ritter – ratter – Eisenbahn,
wir schauen uns die Dörfer an,
die Kühe, Pferde, Schaf und Reh,
die Felder und den Bauersmann.

Nach rechts und links wird Ausschau gehalten.

6. Ritter – ratter – Eisenbahn,
da drüben ist die Autobahn,
mit Bussen, Lastern, Heck an Heck,
viel schöner ist die Eisenbahn.

7. Ritter – ratter – Eisenbahn,
vorbei an Brücken, Hecken, Zaun,
an Flüssen, Schlössern, Berg und Seen,
es gibt so vieles anzuschaun.

8. Ritter – ratter – Eisenbahn,
da kommt ein Tunnel an im Nu.
Wir machen uns jetzt alle klein
und schließen fest die Augen zu.

Alle gehen in die Hocke, Augen schließen.

9. Ritter – ratter – Eisenbahn,
da vorne muß ein Bahnhof sein.
Nun – geht es schön im Zockeltrab,
und neue Leute steigen ein.

Anhalten, die Schlange wird länger.

10. Ritter – ratter – Eisenbahn,
bald gibt es einen leckren Schmaus.
Der Ober füllt die Gläser voll,
wir trinken's alle ganz schnell aus.

Ein Kind geht als Ober an der Schlange vorbei, pantomimisch trinken.

11. Ritter – ratter – Eisenbahn,
bald müssen wir am Ziele sein.
Nun sind wir müd, wir liegen lang,
und schlafen bald ein bißchen ein.

Die Kinder legen sich rechts und links abwechselnd hin.

12. Ritter – ratter – Eisenbahn,
nun sind wir wieder aufgewacht,
und immer schneller geht die Fahrt,
die hat uns so viel Spaß gemacht.

Alle stehen auf, ganz schnell weiterlaufen.

13. Ritter – ratter – Eisenbahn,
nun holen wir die Koffer raus,
ade, du liebe Eisenbahn,
die lange Fahrt, die ist nun aus.

Spiellied von den Tieren

Seht – ein kleines Mäuschen
huscht durch das Weizenfeld,
weil ihr das Kri-Kra-Krabbeln
im hohen Korn gefällt.

Seht – die kleine Schnecke
kriecht übers Ackerfeld,
weil ihr das Schmi-Schma-Schmatzen
im frischen Korn gefällt.

Seht die kleine Raupe
hat sich dazugesellt,
weil ihr das Fri-Fra-Fressen
an jedem Blatt gefällt.

Seht – ein schwarzer Maulwurf
gräbt auf dem grünen Feld,
weil ihm das Gri-Gra-Gaben
am Ackerrand gefällt.

Seht – ein bunter Falter
hat sich dazugesellt,
weil ihm das Fli-Fla-Flattern
im Sonnenschein gefällt.

Fliege, bunter Falter,
komm, flieg auf meinen Schoß.
Und dann auf meinen Rücken,
nun geht's von vorne los.

Bei diesem Spiellied können die Finger als Mäuse huschen, als Schnecke und Raupe langsam kriechen, als Maulwurf graben, als Falter flattern. Am Schluß verstecken sich die Hände auf dem Rükken, das Spiel geht von vorne los.

Spiele, die Spaß machen

Fischewürfeln

Was macht ihr, wenn es in den Ferien mal tagelang hintereinander regnet? Hier ist ein Spielvorschlag:
Ihr braucht dazu einen Würfel, Papier und Bleistift. Es wird einmal herumgewürfelt, und jeder schreibt die Zahl, die er gewürfelt hat, auf. Das ist seine „Fischezahl". Nun würfelt ihr wieder reihum. Wer dabei seine Fischezahl würfelt, darf die Umrisse seines Fisches aufzeichnen.
Danach folgen, je nach Würfelglück, die bunten Schuppen.
Sieger ist derjenige, auf dessen Blatt der Fisch mit den meisten Schuppen aufgemalt ist.

Bockspringen im flachen Wasser

Stellt euch im knietiefen Wasser der Reihe nach hin und stützt die Hände auf den Oberschenkeln ab. Nun springt der letzte über die „Wasserböcke" und stellt sich am Schluß wieder in Bockstellung hin. Das wird einen lustigen Planschspaß geben!

Seht ihr unsre Bälle fliegen?

Die Kindergäste stellen sich bei diesem Spiel zu Paaren gegenüber und fassen sich an den Händen. Der Spielleiter klemmt einen Luftballon zwischen eure Nasen. Auf die Melodie: „Alle meine Entchen" singen die übriggebliebenen Kinder:

„Seht ihr unsre Bälle
fliegen hin und her,
wer kann das am längsten,
oh, das ist so schwer!"

Ihr springt hin und her und versucht, den Luftballon mit euren Nasen tanzen zu lassen.
Wenn ihr den Ball verliert, darf ein anderes Paar weiterspielen.

Reiterkampf im Sand oder im Wasser

Weicher Sand und das Wasser sind gut geeignet für den lustigen Reiterkampf, weil ihr euch beim Abwerfen nicht verletzen könnt. –
Fangt das Spiel mit zwei Reitern und zwei Pferden an, damit es nicht zu wild wird. Die „Reiter“ steigen auf den Rücken ihres „Pferdes“ und versuchen, sich gegenseitig abzuwerfen.
Es können auch mehrere Pferde und Reiter gegeneinander kämpfen. Sieger ist derjenige, der am längsten im Sattel sitzen bleibt.

Habt ihr schon mal Tauziehen im Sand und im flachen Wasser probiert? Versucht es mal, es gibt einen Riesenspaß, wenn die Kette reißt!“

Katz und Maus als Wasserspiel

Das bekannte Spiel „Katz und Maus“ könnt ihr in den Ferien auch im Wasser spielen. Stellt euch im Wasser zu einem Kreis zusammen und faßt euch an den Händen. Nun könnt ihr rufen:

„Katz, Katz, komm herein,
fang das kleine Mäuslein.“

Die Maus darf unter den angehobenen Armen der Spieler durchlaufen. Die Katze muß immer dieselbe Lücke wie die Maus benutzen und nur unter Wasser in den Kreis eintauchen. Wenn die Jagd zu lange dauert, heißt es: „Arme hoch!“ Dann darf die Katze überall durchschlüpfen, bis sie die Maus gepackt hat.

Frische Fische

Etwa 10 m von einer Grundlinie entfernt, wird ein Kreis gezogen. Darin steht der „Eisbär“. Die übrigen Kinder laufen dicht an ihn heran und fragen: „Was ißt du am liebsten?“ Der „Eisbär“ nennt zunächst beliebige Lieblingsspeisen. Pudding, Chips ... Wenn er ruft: „Frische Fische“, müssen die Kinder Reißaus nehmen und hinter die Grundlinie flüchten. Wer abgeschlagen worden ist, wird selbst zum „Eisbär“.

Fünf weiße Löwenzahnbälle

Fünf weiße Löwenzahnbälle,
die sitzen wie flockiger Schnee
in dem grünen, grünen Klee.
Die weißen Federbällchen
zupft der Wind ganz schnelle,
treibt sie hin und treibt sie her,
denn sie sind nicht schwer.
Der erste fliegt husch, husch, husch,
über den Rosenbusch.
Der zweite segelt bis zum Bach,
der dritte bis zum Scheunendach.
Der vierte landet im Weizenfeld,
der fünfte schwebt ganz hoch,
weil ihm’s so gefällt.
Er sagt zum Wind: „Treib mich zum
Kindergarten hin – geschwinder,
da sind so viele liebe Kinder.
Die reißen mich im nächsten Jahr nicht aus,
da wachs’ und blüh’ ich vor dem Haus!“

Die fünf ausgestreckten Finger der linken Hand sind die Löwenzahnbälle. Der Daumen und Zeigefinger der rechten Hand sind der Wind, der an den einzelnen Fingern der linken Hand zupft und davonfliegt. Wenn die Finger der rechten Hand den linken kleinen Finger berührt hat, fliegen sie in sehr hohem Bogen in den Schoß des Kindes.

Spiel vom Segelschiffchen

Ich hab' ein buntes Segelschiff,
das schwimmt so lustig übers Meer.
Ganz kräftig bläst der Sommerwind,
da fliegt mein Schiffchen ganz geschwind.
Die Segel flattern hin und her,
so saust mein Schiffchen übers Meer.
Nun schaukelt es euch hin und her,
von rechts nach links und immer mehr.
Von vorn nach hinten, wie es wippt,
nun ist mein Schifflein umgekippt.

Da kommt der leichte Sommerwind
und hebt es wieder auf geschwind.
Dankeschön, Wind, nun treib es fein
wieder in unsern Hafen hinein.

Die linke Hand mit dem Handrücken nach oben ist das Meer. Der rechte Zeigefinger und Mittelfinger sind als „Segel" hochgestellt, sie flattern hin und her und bewegen sich übers „Meer". Die rechte Hand schaukelt von rechts nach links, von vorn nach hinten. Die rechte Hand kippt um, die Handfläche zeigt nach oben. Alle Kinder pusten, da richtet sich die Hand wieder auf und verkriecht sich unter die linke Hand, die wie ein schützendes Dach (Hafen) geformt wird.

Wir malen Bilder im Juli

Gelb und weiß braucht ihr im Juli
für den langen hellen Strand,
für die Burgen und die Häfen,
für das Buddeln in dem Sand.

Eimer, Spaten, schöne Muscheln,
Fähnchen bunt im Sommerwind.
Planschen in dem warmen Wasser,
darauf freut sich jedes Kind.

Mal den Fischen bunte Schuppen,
Entenkinder tief im Rohr,
zwischen Seerosen und Gräsern
streckt der Frosch den Kopf hervor.

Wir haben keine Langeweile

Pferdchen aus Papier

Im Juli springen die Fohlen auf der Wiese. Wir zeigen euch, wie man Pferdchen aus Papier bastelt. Das ist eine lustige Arbeit für einen verregneten Sommertag. Und wenn ihr schon im Zimmer bleiben müßt, dann übt doch gleich einmal das „Teekessel"-Spiel. „Teekessel" sind Wörter mit doppelter Bedeutung, zum Beispiel Strauß – Strauß, Birne – Birne, Blatt – Blatt. Peter und sein Freund Michael gehen vor die Tür und einigen sich auf den Begriff Strauß. Dann kommen sie zurück und beschreiben ihren Mitspielern geschickt und vorsichtig diesen Teekessel. Peter: „Mein Teekessel kann sehr schnell laufen." Michael: „Mein Teekessel steht immer an derselben Stelle." Peter: „Mein Teekessel hat Federn." Michael: „Mein Teekessel hat Blätter und Blüten." Wer den Teekessel errät, darf einen neuen Begriff ausdenken und mit einem Mitspieler vortragen. Hier noch ein Teekessel, der zu eurer Bastelarbeit paßt:

„Ich habe weiche braune Nüstern,
einen Rücken, warm und breit." –
„Über dich den Sprung zu wagen,
das ist keine Kleinigkeit!" –
„Ich bin stark, habe feste Hufe." –
„Du bist ledern, braun, aus Holz." –
„Ich kann springen, traben, wiehern,
galoppieren voller Stolz."

Habt Ihr geraten, worum es da geht? Klar, um das Pferd auf der Wiese und um das Pferd, das die Turner als Sportgerät benutzen!

Du brauchst: ein Blatt Zeichenpapier, Buntpapier, Klebstoff, Schere.

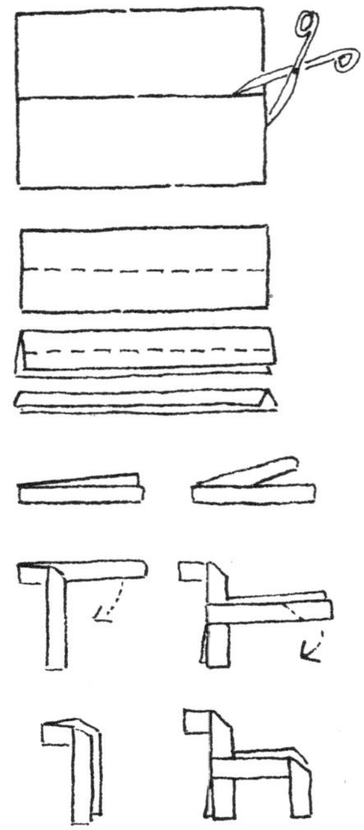

Schneide das Blatt Zeichenpapier der Länge nach in zwei gleich große Rechtecke.

Falte die beiden Rechtecke zweimal der Länge nach, und du erhältst zwei schmale Streifen. Knicke jeden Streifen einmal zusammen.

Aus dem ersten Streifen entstehen Kopf und Vorderbeine, aus dem zweiten Bauch und Hinterbeine eines Pferdchens. Klebe die Teile zusammen. Schneide aus Buntpapier den Schwanz, die Mähne, die Augen und den Sattel und klebe sie dem Pferdchen an.

(E. Scharafat)

Ein bunter Flickenteppich

Zunächst müßt ihr euch von Mutter ein Stück dunklen einfarbigen Stoff, Rupfen, Wollstoff, Leinen usw. geben lassen.
Ihr schneidet euch aus Pappe die Schablone eines großen Schmetterlings oder eines Fisches aus und übertragt die Form mit Kreide auf den Stoff.
Dann sucht ihr in Mutters Flickenkiste nach Stoffresten und schneidet Kreise, Dreiecke, ovale Formen und Streifen aus. Ihr klebt die bunten Flicken auf den Teppich, so daß ein schöner bunter Schmetterling oder ein lustiger Fisch entsteht. Zum Schluß könnt ihr noch bunte oder einfarbige Fransen aus Wolle an den Teppich nähen. Als Wandteppich wird euch eure Bastelarbeit noch lange Freude machen.

Fliegender Vogel

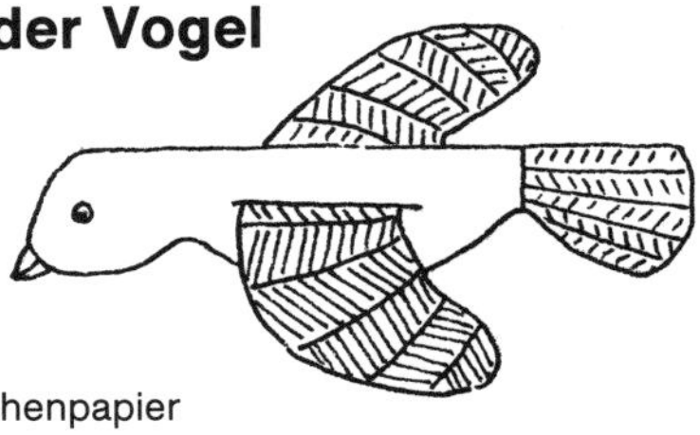

Material:
weißes Zeichenpapier
Filzstifte

Das Vogelmuster auf weißes Zeichenpapier übertragen, ausschneiden und mit einem Bastelmesser die Einschnitte vornehmen. Nun den Vogel auffalten und anmalen. (Die Flügel am besten von beiden Seiten.) Soll der Vogel aufgehängt werden, jetzt schon den Aufhängefaden im Bruch befestigen. Die Flügel von innen nach außen durch die jeweiligen Schlitze stecken und den Kopf zusammenkleben. Wenn der Vogel z. B. für ein Spiel gebraucht wird, einen Tragestab zwischen die Bauchteile kleben, dann können Kinder mit ihm richtig „fliegen". *(G. Erhardt)*

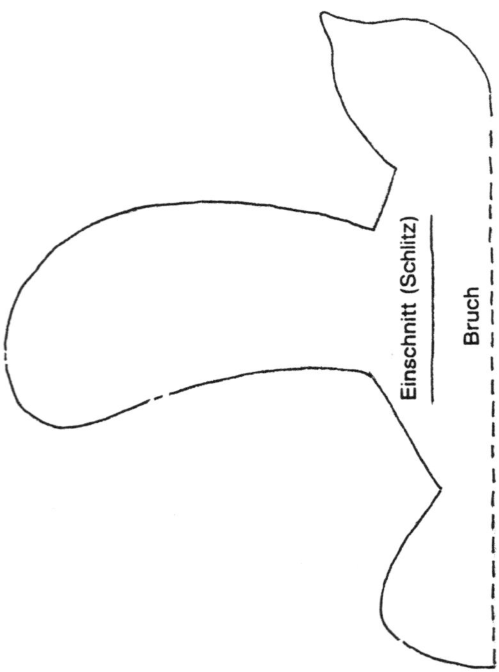

Blütenkappen für das Sommerfest

Material:
kleine runde Käseschachtel
Kreppapier
Hutgummi

Zunächst zwei Blütenblätter in den angegebenen Maßen aus Pappe herstellen. Nach den Schablonen werden 6 große und 6 kleine Blätter aus Krepp ausgeschnitten. Den Innenrand einer Käseschachtelhälfte mit Klebstoff bestreichen und erst die 6 kleinen Blätter angekraust rundherum ankleben, als nächstes die 6 großen auf Lücke. Ein grünes Kreppstück (Länge = Schachtelumfang/ Höhe: ca 12 cm) um den äußeren Rand der Schachtel kleben und über der Mitte mit einem grünen Faden abbinden.
Damit die Kappe nicht vom Kopf rutscht, an zwei gegenüberliegenden Seiten ein Hutgummi an der Schachtel befestigen. *(G. Erhardt)*

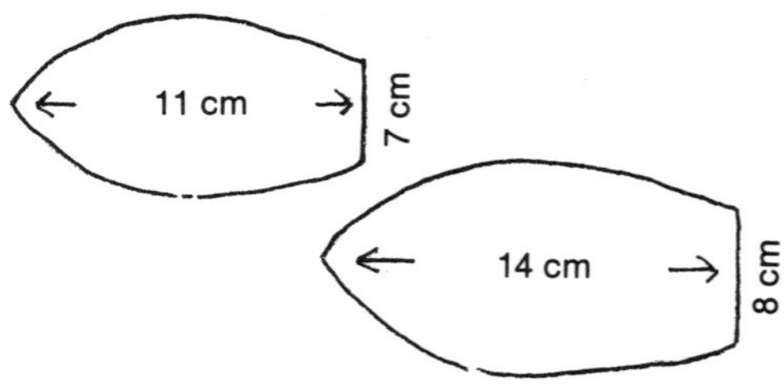

Blauer Julitraum mit Sommerwolken

Dazu brauchst du:
½ Pf. frische oder tiefgekühlte Blaubeeren
1½ l gut gekühlte Milch
2 Eigelb
2 Eischnee
1 Prise Vanillepulver
½ Teel. Vanillenzucker
Schlage das Eiweiß zu Schnee und ziehe den Vanillezucker darunter. Schlage die übrigen Zutaten mit dem Rührgerät (Vorsicht) gut durch. Gieße den blauen Julitraum in hohe Gläser, gib die weiße Schneewolke drauf und stecke einen lustigen Strohhalm in die Becher.

Wir danken und beten

Wir sitzen am Rand des Teiches. Wie kühl und erfrischend ist das Wasser an unseren Füßen! Wie ein blanker Spiegel glänzt es in der warmen Sonne! Blaue Libellen huschen darüber hin. Manchmal springen kleine Fische hoch. Das blitzt und glitzert in der Sonne. Nun werfen wir einen Stein hinein. Plumps – kleine Kreise, große Kreise laufen über das Wasser. Lieber Gott, wir danken dir für das frische Wasser, für die Sonne, für Tiere und Pflanzen, die du geschaffen hast.

Danklied im Juli

Kommt, wir machen eine Reise
übers weite blaue Meer!
Viele schnelle weiße Segel
fliegen flatternd drüber her.

Wasser, Erde, Gras und Bäume,
heller, weißer Dünensand.
Sonne, Regen, Wind und Wolken
schenkt uns Gottes gute Hand.

August

August, der sperrt den Regen ein,
die Sonne strahlt und strahlt.
Der Rittersporn, die Kletterrosen
sind leuchtend angemalt.

Da treibt ein weißes Wolkenschiff
sacht über uns entlang.
Doch meistens ist der blaue Himmel
so richtig blitzeblank.

Und zwischen Ästen hoch im Baum,
da baun wir uns ein Haus.
Nach all dem Buddeln, Spielen, Toben
ruhn wir uns oben aus.

Alte Bauernregeln und Volksgut für den August

Ist der August recht trocken und heiß,
so lacht der Bauer im vollem Schweiß.

Im August der Morgenregen
wird vor Mittag sich nicht legen.

Bringt Maria Himmelfahrt Sonne,
so ist's des Weinbauern Wonne.

Herrscht im August eine Bärenhitze,
vertrocknet manchmal die letzte Pfütze.

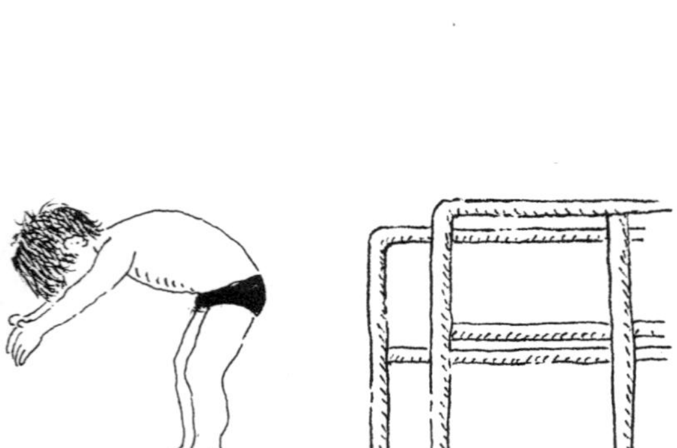

Monats- und Tierrätsel

Wer lockt mit blauem Wasser
und ruft: Nun springt hinein!
und planscht und taucht und buddelt
im Sand und Sonnenschein? (August)

Durch die Flügel scheint das Licht,
doch berühr sie bitte nicht.
Ich bin ein flinkes, buntes Ding,
der zarte kleine … (Schmetterling)

Der stärkste Mäusekater

Schon frühmorgens streicht Mischka, Barbaras gelbgefleckte Katze, ganz unruhig im Haus umher. Sie schmust an Barbaras Beinen entlang: „Streichel mich, mein Bauch tut mir so weh!"
Dann springt sie auf Barbaras Federbett. Eine Weile drückt sie mit ihren Pfoten eine gemütliche Kuhle in die Federn, dann rollt sie sich zusammen tief hinein.
Da kommt Mutter ins Zimmer. „Runter vom Bett, Mischka!" ruft sie. „Schnell, Barbara, hol die alten Tücher aus dem Keller und die große Kiste!" Du mußt Mischka eine weiche Kinderstube auspolstern!"
Nun sitzt Mischka in der Kiste und maunzt vor sich hin. „Schade, daß ich zur Schule muß", ruft Barbara, „Ich würde Mischka so gern streicheln, wenn sie ihre Jungen bekommt."
Als Barbara mittags heimkommt, liegen drei kleine gelbe und zwei graue Fellknäuel an Mischkas Bauch. Die rosa Pfötchen drücken gegen die Zitzen. Sie trinken und trinken und schmatzen leise dabei. Mischka hat sie schon ganz saubergeleckt. Sie schnurrt und leckt mit ihrer rauhen Zunge an Barbaras Finger entlang. Barbara stellt ihr eine Schüssel Milch in die Kiste und legt ihr ein Stück Leber daneben. Ganz vorsichtig steht Mischka auf, leckt noch einmal über ihre kleinen Katzenkinder und schleckt dann die schöne warme Milch. Sie guckt nur einmal kurz auf, als Barbara ein kleines gelbes Fellknäuel in die Hand nimmt. Die Augen sind noch geschlossen, die kleinen Öhrchen und die Barthaare sind noch so winzig. „Ein richtiges Puppenkätzchen", denkt Barbara. „Kaum zu glauben, daß aus so einem Winzling ein großer Mäusefänger mit scharfen Zähnen und Krallen und einem buschigen langen Schwanz wird!"

Da fängt das kleine Fellknäuel an, mit ganz zarter Stimme zu fauchen, richtig zu fauchen; die kleinen Zähnchen blitzen in dem rosa Mündchen. „Na, du wirst bestimmt der stärkste Mäusefänger in der ganzen Straße!" lacht Barbara.

Die Behandlung dieser Geschichte soll den Kindern die Problematik eines festgefügten Rollenverhaltens innerhalb einer Gruppe bewußt machen. Sie soll das Selbstbewußtsein von Kindern stärken, die eine untergeordnete Rolle spielen.

Michael und Axel

Die Kinder hocken im Sandkasten. „So, jetzt holt ihr noch zwei Eimer Sand her und schaufelt da drüben einen großen Berg", ruft Axel zu den drei Kleinen im Kindergarten hinüber. „Aber ein bißchen schnell; wir wollen die Autos runterrollen lassen!"

Pitti, Martin und Jörg beeilen sich. Wenn Axel so bestimmt etwas sagt, gibt es keinen Widerspruch. „Nein, das reicht noch nicht, holt noch viel mehr Sand. So kriegen Rennautos keine Fahrt."

Die drei Kleinen laufen und schleppen mühsam Eimer für Eimer an. Stefan hat eigentlich gar keine Lust. Er wollte lieber die kleinen Flugzeuge weiterfalten. Die fliegen so gut bei dem starken Wind. Aber bloß nicht widersprechen! Axel ist der größte und stärkste in der Gruppe. Wenn Frau Schulz gerade nicht hinguckt, teilt er tüchtig Knuffe und Puffe aus. Das tut richtig weh!

„Mucken! Oder Zähne spucken!" ruft er drohend und hält den Kindern die Faust unter die Nase.

„Ja, ja, ich komm ja schon", sagt Stefan bereitwillig und buddelt und buddelt, bis er ganz außer Puste ist.

An der Tür im Kindergarten steht der Neue, der kleine Michael. Er ist der jüngste in der Gruppe und viel kleiner als die anderen Kinder, vor allem kleiner als Axel.

„Oh, guckt mal", ruft Ingrid. „Michael hat gerade ein Borkenschiff gebaut! Toll ist das! Das kann bestimmt schwimmen; und ein richtiger Mast ist dran!"

„Du sollst die Autos endlich holen", brüllt Axel zornig.

Nun treten auch Pitti, Martin und Jörg hinzu und betrachten das kleine Borkenschiff. „Oh, das ist ja Klasse! Kann das richtig schwimmen?" fragt Pitti.

Da drängelt sich Axel zwischen die Kinder. Wütend steht er vor dem kleinen Neuen. „Hau ab! Du!" schreit er böse. „Wir wollen Rennbahn spielen und nicht dein blödes Schiff angucken! Los! An die Arbeit!" schreit er den Kindern zu.

Michael rührt sich nicht von der Stelle. Ohne Angst guckt er zu Axel hoch. Die anderen blicken den beiden gespannt zu. Gleich wird es eine fürchterliche Rangelei geben! Und Axel ist so stark und kann so sehr zuschlagen!

Da tritt Frau Schulz in den Kreis der Kinder. „Gibt es schon wieder Ärger? Axel, laß den Neuen in Ruhe! Kommt alle mit, wir wollen jetzt basteln. Ich habe euch Holz und Borkenstücke auf den Platz gelegt; hier sind Hammer und Bohrer, und hier sind Hölzer für Masten. Wir wollen versuchen, ob wir auch so ein Schiff fertigkriegen wie Michael."

„O ja", rufen Pitti und Martin, und Jörg sagt: „Ich hatte sowieso keine Lust mehr, auf der Rennbahn zu buddeln."

Schon fangen sie an. Axel langt quer über den Tisch. „Dein Borkenstück ist größer; gib mir das her", fordert er. Pitti zögert. Er hat gerade so ein schönes Stück vor sich liegen. Aber als er Axels wütendes Gesicht sieht, tauscht er ohne Widerrede sein Holzstück gegen das kleinere von Axel ein. „So, mein Schiff wird am größten! Das kann sicher am besten schwimmen", schreit Axel.

„Laß schon Wasser in die Wanne", sagt Frau Schulz zu Peter, „wir setzen die Schiffe nachher alle rein."

„Guckt mal! Michaels Schiff schwimmt schon ganz toll", ruft Jörg. Michael schlägt ein paar Wellen; sein Schiff schaukelt hin und her, aber es kippt nicht um.

„Ich baue noch ein zweites Schiff", ruft er. Er macht es so geschickt, daß die anderen Kinder ganz überrascht und begeistert an seinen Tisch laufen und ihm zuschauen. „Michael kann das besser als wir alle zusammen! Und dabei ist er erst fünf Jahre", sagt Petra.

An Axels Tisch steht niemand. Die anderen Kinder schauen immer noch Michael zu, der flink sein zweites Schiff fertigbaut. „Holst du mir mal die Klebe, Jörg", bittet Michael. Jörg läuft zu Axel und greift nach dem Klebetopf. „Laß den Topf stehen!" brüllt Axel. „Du

kriegst ihn gleich wieder", beruhigt ihn Jörg. Axel hat gar nicht Zeit, den Klebetopf festzuhalten, wie er es sonst immer tut. Er arbeitet mit hochrotem Kopf. Sein Mast steht ganz schief. „Dieser blöde Mast", schimpft er.
„Michaels Schiff ist fertig", ruft Petra fröhlich, „kommt, wir lassen es schwimmen!" Die Kindergruppe versammelt sich wieder um die Wanne. „Wir pusten mal", ruft Michael. „Von dieser Seite aus, dann kriegt das Schiff richtig Fahrt!" „Toll, wie das schwimmt", sagt Stefan begeistert.
„Jetzt machen wir mehr Wellen", schreit Michael voller Freude. Die Kinder planschen mit den Händen tüchtig im Wasser. „Du, das kippt ja immer noch nicht um", ruft Pitti.
Axel arbeitet immer noch verbissen an seinem Mast. „Na", fragt Pitti, „kann dein Schiff auch schwimmen?" „Ich glaub' schon", sagt Axel ein bißchen unsicher. „Dann komm doch! Laß es schwimmen!" ruft Martin. Axel nimmt das große Schiff unter den Arm und kommt zögernd näher. Die Kinder treten zu Seite. Er setzt es in die Wanne. Michaels Schiff tanzt lustig auf den Wellen hin und her. Platsch! Da ist Axels Schiff umgekippt. Die Kinder lachen. Axel wird ganz rot.
„Du, ich helfe dir; der Mast ist einfach zu lang", ruft Michael und hebt das umgeschlagene Schiff aus dem Wasser. „Hier, halt mal fest", sagt er und setzt sich auf Axels Platz. Axel steht ein bißchen hilflos daneben und hält, ohne zu widersprechen, das Holzstück fest. „Hilfst du mir auch ein bißchen?" fragt Martin. „Mein Schiff ist auch noch nicht fertig!"
Axel ist ganz allein und nachdenklich an die Wanne zurückgekehrt, während alle anderen Kinder um Michael herumstehen und ihm zugucken, wie er geschickt bastelt. „Michael ist der Kapitän", ruft Pitti, als sie mit Michael an der Spitze mit ihren Schiffen an die Wanne zurückgehen.

Abzählreime

1 – 2 – 3,
im Gras, da liegt ein Ei.
4 – 5 – 6,
mit einem roten Klecks.
1 – 2 – 3 – 4,
das gehört mir.
4 – 3 – 2 – 1
und du kriegst keins!

Sterne, Mond und Sonne,
der Frosch sitzt in der
Tonne.
Der Hund, der sitzt im
Hundehaus,
und du bist raus.

Eine tolle Erfindung!

Endlich ist es nach langen Regentagen wieder warm geworden. Die Wellen der Ostsee glitzern im hellen Sonnenlicht.

„Morgen wollen wir einen Ausflug an den Strand machen!“ sagt die Erzieherin zu ihren Kindergartenkindern.

„Oh prima, dürfen wir unsere Schaufeln und Eimer und Förmchen mitnehmen?“ fragen Ingo und Olaf.

„Ich nehme meinen neuen roten Ball mit!“ ruft Maike, „Toll, dürfen wir auch ein Eis kaufen?“ fragt Heike. „Dürfen wir mit den Füßen ins Wasser?“ will Sandra wissen. Die Fragen schwirren durcheinander. Die Erzieherin kann gar nicht so schnell antworten.

Nur einer sagt gar nichts und schaut mit traurigem Gesicht aus dem Fenster.

Manuel, der kleine Neue aus Spanien. „Manuel, morgen gehen wir an deinem Haus vorbei an den Strand!“ sagt Frau Kramer, „dann brauchst du gar nicht erst den weiten Weg zum Kindergarten zu machen, wir holen dich ab! Verstehst du?“

Manuel nickt. Als die Kinder am nächsten Tag lachend und lärmend an seinem Haus vorbeikommen, steht er schon unten auf der Straße und wartet. „Komm, Manuel, hier nimm den Eimer!“ sagt die Lehrerin.

Dann sind sie alle unten am Strand. Olaf hat gleich eine alte, angeschwemmte Holzkiste entdeckt. Die schippt er voll Sand und baut eine Burg daraus. Holzteile und Muscheln findet er genug.

Frank und Henry schippen eine tiefe Hafeneinfahrt und lassen ihre Schiffe drin schwimmen.

„Komm!“ schreit Frank zu Robert hinüber, „du hast so tolle Autos mit. Du kannst ja mal Straßen für deine Jeeps bauen, rings um den Hafen herum.“

Jörg-Peter hebt einen tiefen Brunnen aus. „Guckt mal, ich habe schon Grundwasser!“ ruft er. Tiefer und tiefer buddelt er.

Manuel steht allein herum und guckt über das Wasser. „Gib mal deinen Eimer her!" fordert ihn Jörg-Peter auf.
„Ach, laß ihm doch den Eimer!" sagt die Erzieherin, „sonst hat er gar nichts zum Spielen!"
„Warst du in Malaga auch immer am Strand?" fragt sie ihn freundlich.
„Oh – in Malaga – viel Sand, viel warm, immer baden, hier immer kalt!" sagt Manuel. „In Malaga gut, viele Freunde und Großmutter und Großvater!"
Unschlüssig schwenkt er den Eimer hin und her. „Komm, spiel ein bißchen mit!" lockt ihn die Erzieherin.
Jörg-Peter hat einen tiefen Brunnen gebuddelt.
„Schau mal hinein!" ruft er. Manuel beugt sich über den Rand. Er kann kaum bis zum Grundwasser langen. Suchend blickt er sich um. Da sieht er ein langes Seil im Sand liegen. Flink bindet er den Eimer daran und läßt ihn in den Brunnen hinab. Schon ist der Eimer voll Wasser. „Gute Idee, Manuel!" lobt ihn Jörg-Peter. „Großvater auch Brunnen und viele Eimer im Dorf bei Malaga!" sagt Manuel.
„Manuel, bring doch mal Wasser für meinen Burggraben!" schreit Olaf. „Das geht wirklich toll mit dem Eimer und dem Seil!" Manuel schleudert den Eimer weit ins Wasser hinaus und zieht ihn gefüllt wieder an Land.
„Manuel, ich brauche auch Wasser für die Kiesstraße!" ruft Robert. „Bring uns auch was!" schreien Henry und Frank. „Dein Seileimer ist eine tolle Erfindung!" Manuel schleppt ganz begeistert seine vollen Eimer herbei. Immer wieder wird er gerufen.
„Toll, Manuel, das war die beste Idee mit deinem Eimer und dem Seil!" rufen die Kinder. „Kommst du heute nachmittag wieder an den Strand spielen? Du wohnst doch so nah!" fragen Jörg-Peter und Justus und Frank und Olaf.

„Ich gern kommen!" ruft Manuel strahlend.

Der Kritzel-Kratzel-Tintenfisch

Text: Barbara Cratzius
Melodie: Klaus W. Hoffmann.

2. Der Tintenfisch, der Tintenfisch,
den küßte eine Qualle.
'Ne Feuerqualle – feuerrot,
küßt alle Tinte alle!

3. Und fi–fa–fu–fo–feuerrot
sind fix gefärbt die Wogen.
Da hat der große Tintenfisch
sich ganz schnell vollgesogen.

4. Das blubberte, das blabberte.
Nun schreibt er seine Briefe
mit Buchstaben – ganz feuerrot,
mal grade und mal schiefe.

5. Der Tintenfisch, der Tintenfisch,
der muß noch kräftig üben.
Und kriegst du einen Kritzelbrief –
wer hat den wohl geschrieben?

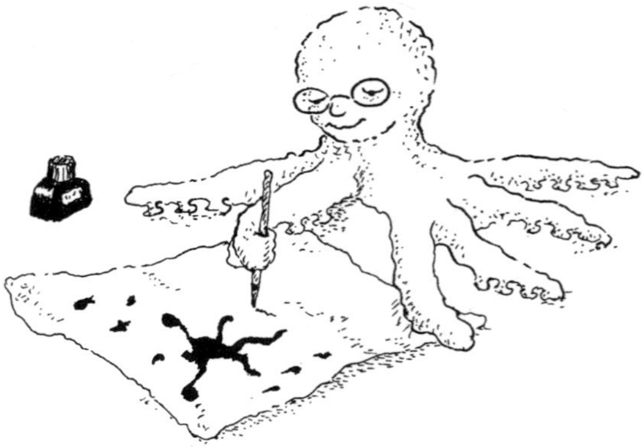

Kasper will doch in die Schule

Dieses Stück ist gut von einem Spieler aufzuführen, weil immer nur zwei Puppen auf der Bühne sind.

Es spielen mit:	Wir brauchen:
Kasper	eine Schultüte
Gretel	einen Schulranzen
Großmutter	eine kleine Modellbauschachtel
Teufel	Klopfer
Schnuffi, der Hund	ein kleines Buch

1. Szene: Vor dem Kasperhaus

Kasper: Tri–tra; trallala – Kasperle ist wieder da!
Kinder, wißt ihr, was ich hier habe? Eine ganz bunte Schultüte! Die wird mir meine Großmutter vollfüllen. Mit Gummibärchen und auch mit ganz gesunden Sachen, mit Fruchtschnitten und Nüssen und Rosinen. Damit ich groß und stark werde, sagt sie. Ich komme nämlich morgen in die Schule!
Juhu – ich freue mich schon darauf!
Und wißt ihr, warum ich mich so doll freue? Ich glaub', ich kriege eine ganz nette Lehrerin mit einem Pferdeschwanz hinten. Und tolle Jeans hat sie immer an! Und ein T-Shirt mit einem Rennrad drauf! Und singen und turnen kann sie! Und flöten darf ich bestimmt auch. Juhu – flöten! Dann flöte ich alle Mäuse aus den Löchern und lasse sie tanzen!
Kinder, jetzt singe ich euch mein lustiges Schullied vor, und ihr könnte alle mitsingen:

(Melodie: Horcht, was kommt von draußen rein ...)

Ich mag so gern zur Schule gehn, hollahi ...
und Neues lernen – das ist schön! ...
Freunde find' ich 1–2–3,
Till und Martin und Marei.

Dann werd' ich an der Tafel stehn, hollahi ...
da sollt ihr mich mal rechnen sehn!
Freunde find' ich, 1–2–3,
Tanja, Katja und den Kai.

Auch zeichnen kann ich Kasper gut, hollahi ...
und Ringe turnen, ich hab' Mut.
Freunde find' ich, 1–2–3,
Bernd und Christoph sind auch dabei.

Ach, wie froh ich heute bin, hollahi ...
denn morgen geht's zur Schule hin.
Da ist jeden Tag was los,
hei – bald bin ich richtig groß.

(Mit einem Donnerknall erscheint der Teufel auf der Bühne.)

Teufel: Ach, da ist ja der dumme Kasper. Der will wirklich zur Schule gehn! Igitt – in der Schule – da stinkt's – das mag meine Teufelnase nicht riechen – nach Kreide und Buntstiften und Büchern – igitt!

Kasper: Hau ab, Teufel, ich glaub, du willst mal wieder mit meinem Kasperstock eins übergezogen haben!

Teufel: Kasper, ich mein's wirklich ausnahmsweise mal ganz gut mit dir! Ich kenne doch so viele Kinder, die haben Angst vor der Schule und vor den Lehrern! Stimmt's Kinder? (Kinder protestieren)
Haltet bloß den Mund! Sonst verzaubere ich euch alle in Rohrstöcke oder in lauter Kreidestücke!
In der Schule werden die Kinder jeden Tag dreimal verdroschen! Und die Kinder kriegen ganz rote Backen von so viel Backpfeifen! Und sie müssen in der Ecke stehen und sich schämen, wenn sie falsch gerechnet haben.

Kasper: (zaghaft) Aber ich will doch rechnen und lesen und schreiben lernen!

Teufel: In der Fibel steht nur lauter Quatsch, dazu braucht man nicht lesen zu lernen! Und rechnen braucht man auch nicht zu lernen, dazu sind die zehn Finger da – das reicht!

Kasper: (unschlüssig) Du bringst mich ganz durcheinander im Kopf!

Teufel: Ich sag's ja, das gibt nur Kopfschmerzen, wenn man so lange auf der harten Bank sitzt. Und schlechte Augen kriegt man auch vom vielen Lesen!
Ich sag' dir, mit dem freien Leben ist's dann vorbei! Dann kannst du nicht mehr auf der Wiese herumtoben und die Drachen steigen lassen!
Stimmt's Kinder? (Kinder protestieren)

	Paßt bloß auf – sonst verzaubere ich euch in lauter Drachen und ihr fliegt auf und davon! Jetzt sing ich dir mein Teufelslied, Kasper! Das merk dir!
	(Melodie: Fuchs, du hast die Gans gestohlen ...)
	Kasper, bist ein armer Wicht, hör doch gut mir zu! Geh zur Schule lieber nicht, aus ist's mit der Ruh!
	Wie wird dich der Lehrer schlagen, Schule macht dich krank! Da mußt du dich so viel plagen auf der harten Bank.
	Kasper, geh doch lieber spielen froh den ganzen Tag! In der Schule mußt du schwitzen, da gibt's Angst und Plag.
	Willst du so viel Zahlen lernen, ach – das ist ein Graus! Kasper, laß dir von mir raten, bleib du doch zu Haus!
Großmutter:	(ruft von weitem:) Kasper, komm, ich will dir deine Schultüte packen!
Teufel:	Huhu – wenn die Großmutter kommt, dann verdufte ich lieber. Die hat mir doch neulich mit dem Ausklopfer eins übergezogen!
Großmutter:	Kasper, du machst ja ein ganz trauriges Gesicht! Was ist los mit dir?
Kasper:	Ach Großmutter – eigentlich möchte ich noch gar nicht in die Schule! Ich möchte lieber noch spielen und toben!
Großmutter:	Aber das kannst du doch trotzdem! Ich glaub', der Teufel hat dir die Flausen in den Kopf gesetzt. Wenn ich den erwische!
	(beide ab)

2. Szene:

Kasper: Tri–tra–trallala ... Kinder, da hab' ich zum Geburtstag diesen tollen Modellbaukasten bekommen. Das soll ein ganz großes Flugzeug werden! Damit will ich bis nach Amerika fliegen. Glaubt ihr mir nicht? Ich will gleich anfangen mit dem Basteln.
Ach, wie blöd, da stehen ja so viele Zeichen und Ziffern, die kann ich gar nicht lesen. Das hier sollen wohl die Flügel sein; aber wie setze ich die zusammen? Und hier die Räder und die Pilotenkanzel. Lauter einzelne Teile! Wenn ich doch bloß lesen und rechnen könnte! Vielleicht hilft Gretel mir! Gretel! Gretel kommt mit einem Buch

Gretel, kannst du mir helfen? Du kannst doch schon so gut lesen!

Gretel: Ach Kasper, ich lese gerade so eine spannende Geschichte. Da mag ich gar nicht aufhören! Wart mal (sie liest die Modellbeschreibung). Dieses lange Teil mußt du mit der Tragfläche verbinden, die Motoren dranstecken, an dieser Seite Klebe draufstreichen ...

(Kasper versucht zu wiederholen, bringt alles durcheinander.)

Ach Kasper, das dauert mir viel zu lange. Wenn du dein Flugzeug bauen willst, mußt du selber lesen lernen!

Kasper: Aber – ich kann doch schon lesen – da die Mäusegeschichte in deinem Buch! (zu den Kindern gewandt)

Kinder, da sind so lustige Mäusebilder drin, da kann ich ganz viel von erzählen!
Also – ich fang an!
Der Mäusevater Theodor,
der steht so gern im Fußballtor!
Und kommt der Ball ganz scharf und hoch,
der Mäusevater kriegt ihn doch!

Gretel: Kasper, das hast du dir ja alles ausgedacht! Das steht ja überhaupt nicht da! Das ist ja nur auf den lustigen Bildern zu sehen! Nein, geh du erst mal zur Schule!

Kasper: Kinder, was meint ihr – soll ich morgen früh doch zur Schule gehen?
(Kinder: ja ...)

Kasper: Aber dann muß ich ganz früh ins Bett, damit ich morgen nicht verschlafe! Großmutter, weckst du mich morgen um 4 Uhr auf?

Großmutter: (hinter der Bühne)
Kasper, da schlafen ja noch die Hühner! Ich weck' dich kurz vor 7 Uhr, Kasper, dann kommst du früh genug zur Schule!

3. Szene: (Kasper kommt mit Schulranzen und Schultüte auf die Bühne.)

Kasper: Heute geht's wirklich los zur Schule, Kinder! So ein bißchen bibbert's mir ja im Bauch, Kinder! Aber ich krieg' bestimmt nette Freunde, mit denen kann ich Fußball spielen! Vielleicht kriegen wir ja auch eine ganze Fußballmannschaft zusammen. Und ich steh' im Tor! Juhu!

(Teufel kommt auf die Bühne)

Teufel: Seh' ich recht, Kasper? Du willst wirklich zur Schule gehen? Hast du dir das denn auch richtig überlegt? Kasper, Kasper, spitz das Ohr, in der Schule wird man dümmer als zuvor!
Stimmt's Kinder? (Kinder protestieren)

Kasper: So, Teufel, jetzt reicht's aber! Nun kriegst du mit Großmutters Klopfer eins auf deine schwarzen Hörner!

Teufel: Aua – aua!

Kasper: Und laß dich nie mehr hier blicken! Sonst hol' ich noch meinen Schnuffi. Der beißt dir die rote Teufelsnase und deinen Teufelsschwanz ab. Stimmt's Schnuffi?

(Schnuffi bellt hinter der Bühne: wau, wau ...)
(Teufel ab)

Kasper: So – der kommt nicht wieder!! Und wir singen jetzt zum Schluß unser lustiges Lied von der Schule!

(Melodie: Alle meine Entchen ...)

Alle Kinder freun sich heut,
hipp, hipp, hipp, hurra!
Heute fängt die Schule an,
Kasper ist auch da!

Alle Kinder tanzen heut,
hipp, hipp, hipp – hurra!
Da kommt schon die Lehrerin,
Kasper ist auch da!

Alle Kinder singen heut
eins und zwei und drei!
Kinder, Gretel, Kasperle,
alle sind dabei!

Auf Wiedersehen, Kinder, bis zum nächsten Mal!

Spiele am laufenden Band

Wer findet das Ziel?

Dieses Spiel könnt ihr auf dem Parkplatz während einer langen Autofahrt, am Strand, auf der Wiese oder im Wald spielen. Zunächst wird das „Ziel" festgelegt, ein Strandkorb, ein großer Stein, ein Zaun, ein Baum, eine Person usw.
Dann werden den Kindern nacheinander die Augen verbunden. Wer läßt sich jetzt von seinem inneren Kompaß so gut führen, daß er das Ziel erreicht?
Dieses Spiel könnt ihr auch mit mehreren Kindern spielen. Die Kinder stellen sich im Kreis in etwa 20 bis 30 cm Abstand von dem gesuchten Objekt auf. Wer es als erster berührt, hat gewonnen.

Wasser tragen

Dies ist ein Spiel, das ihr am Strand, auf dem Parkplatz, während einer langen Reise, auf der Wiese usw. spielen könnt. Es ist ein Partnerwettkampf. Legt zuerst die Rennstrecke fest, die vielen Hindernisse haben sollte, z.B. müßt ihr über einen Stein klettern, um einen Strandkorb oder Baum laufen usw.
Nun bekommt jedes Kind einen Wassereimer oder einen anderen Behälter. Die Eimer sollten gleich groß sein.
Es kommt nicht darauf an, wer als erster am Ziel ist, sondern wer am wenigsten Wasser beim Lauf verloren hat. Allerdings muß eine Zeitgrenze festgelegt werden, sonst wird zu sehr gebummelt.

Jägerball

Ihr grenzt am Strand oder auf der Wiese ein ziemlich großes Gelände ab. (Strandkörbe, Bäume oder Hecken dienen als Markierungszeichen.) – Nun wird ein Jäger ausgelost, der deutlich sichtbar sein Jägerhaus an einer Ecke markiert. Die Spieler laufen als Hasen, Füchse, Rehe, Kaninchen oder als Gazellen und Löwen durcheinander. Der Jäger versucht, sie mit einem Ball abzutreffen und ins Jägerhaus zu bringen. Der übriggebliebene Sieger darf der neue Jäger sein.

Wenn einer eine Reise macht

Die Spieler sitzen im Kreis, sie bekommen entweder eine Nummer, einen Städte- oder Ländernamen, den Namen einer Autofirma, eines Sees, Gebirge, Namen von Tieren oder Blumen.
Nun fängt der Spielleiter an, eine Reisegeschichte zu erzählen. Sie sollte einfallsreich und lustig sein. Ganz zufällig streut er die betreffenden Nummern oder Namen ein, die vorher festgelegt worden sind. Sobald eine entsprechende Zahl, ein Städte- oder Ländernamen usw. auftaucht, muß der betreffende Spieler aufspringen und sich melden. Wenn er es vergißt, muß er ein Pfand geben.

Wer gewinnt das große Rennen?

Habt ihr kleine Holztiere (Enten, Pferdchen) auf Rädern?
Dann kann der Spielleiter an jedes der Tiere eine Schnur binden. Die kleinen „Renntiere" werden nun genau nebeneinander gestellt, und die Spieler bekommen eine Garnrolle in die Hand. Nun müßt ihr versuchen, die Schnur schnell aufzuwickeln. Euer Tier darf aber nicht umfallen, sonst müßt ihr bei dieser Runde ausscheiden. Ihr setzt euch am besten auf kleine Stühle, sonst lauft ihr vor lauter Aufregung eurem Spieltier entgegen.

Tauchen durch den Tunnel

Stellt euch mit weit gespreizten Beinen dicht nebeneinander ins hüfttiefe Wasser. Der letzte schwimmt oder krabbelt durch die Beine durch und stellt sich vorn mit gegrätschten Beinen hin. Wenn ihr genügend Spieler seid, könnt ihr das Tauchen als Mannschaftsspiel spielen.

Wurfspiel am Strand

Sammelt euch genügend Eis- oder Joghurtbecher oder Saftdosen. Ihr könnt sie mit Ziffern beschriften, das sind eure Wertpunkte. Nun stellt ihr sie in einiger Entfernung in den Sand und versucht mit kleinen Blechdeckeln von Saftflaschen oder Korken hineinzutreffen. Setzt vorher die Anzahl der Würfel jedes Spielers fest. Sieger ist derjenige, der die höchste Punktzahl erreicht.

Was kriecht und fliegt und schwimmt denn da?

Ihr setzt euch zu einem Kreis zusammen. Der Spielleiter hat ein Taschentuch zu einem Ball geknotet oder wirft einen Tennisball zu Michael hinüber. Dabei ruft er „Luft". Sofort muß Michael ein Tier nennen, das fliegen kann. Dann wirft er den Ball weiter und ruft: „Wasser". Nun soll Petra ein Tier suchen, das im Wasser vorkommt. Wenn es zu lange dauert, rufen alle Kinder: 1, 2, 3, verfaultes Ei! Nun muß Petra ein Pfand geben.

Wer kann am besten zielen?

Auf dem Boden werden flache Pappteller verteilt. Auf jedem Teller liegt ein kleiner Preis: ein Radiergummi, ein Aufkleber, ein kleines Spielzeug, ein Bonbon. Stellt euch nun an der Startlinie auf. Der Reihe nach versucht ihr, einen kleinen buntbemalten Kronenkorken auf einen Pappteller zu werfen. Wenn ihr den Teller getroffen habt, gehört euch der kleine Preis. – Das Spiel wird immer schwieriger, je weiter ihr die Pappteller von der Startlinie fortrückt.

Kleines Bewegungsspiel

(Nach der Melodie: Alle meine Entchen)

Ich gehe rundherum im Kreis
und komm zu dir.
Und wer ein neues Spielchen weiß,
der folge mir.

Die Kinder gehen im Kreis herum. In Gegenrichtung geht ein Kind, tippt ein Kind aus dem Kreis an, das sich eine Tätigkeit ausdenkt und den andern vormacht. Die Kinder im Kreis nehmen die vorgeführte Bewegung auf, während die beiden Kinder sich weiter in der Gegenrichtung bewegen. Dazu wird gesungen:

Alle meine Tierchen
tanzen jetzt so schön, tanzen jetzt
so schön,
und bald kommt der nächste dran,
das sollt ihr gleich sehn.

Danach tippt das zweite Kind ein weiteres Kind an, bis alle Kinder des Außenkreises sich im Innenkreis entsprechend den angegebenen Tätigkeiten (hüpfen, tanzen, springen, klatschen, hinken, kriechen, krabbeln ...) bewegen.

Komm – wir wollen Kirschen pflücken!

Komm – wir wollen Kirschen pflücken,
immer hoch die Leiter!
Eine Sprosse – noch 'ne Sprosse,
immer, immer weiter!

Und wenn wir dann oben sind,
schaukelt uns der Sommerwind.
Immer, immer mehr.
Wind, so blas doch nicht so sehr!

Und die Leiter wippt und wippt
bis die Leiter kippt.
Bums – da liegen wir im Loch!
Bitte – bitte – hilf mir doch!

Dieses Spiel kann mit zwei Kindern gespielt werden, die sich gegenübersitzen. Die Hände werden zu Fäusten geballt und abwechselnd aufeinandergesetzt. Oben bewegen sich die Hände hin und her. Die Hand eines Kindes fällt herunter, das andere Kind hilft ihm aus dem Loch heraus, und das Spiel beginnt von neuem.

Wir malen Bilder im August

Mal die leeren Stoppelfelder,
auch die Wiesen sind gemäht,
an den alten Apfelbäumen
schon die hohe Leiter steht.

Schwalbenkinder üben Fliegen
tief hinunter – hoch empor.
Vor dem Mäuseloch im Garten
lauert Miez und spitzt das Ohr.

Siehst du die Kaninchenkinder,
hoppeln, sausen wie der Wind.
Durchs Gestrüpp schleicht schon die Füchsin!
Ab in euer Loch geschwind!

Kleine Basteleien für den Sommer

Lustige Krähe

Material: Tonpapier in Schwarz, Rot und Gelb
weißes Zeichenpapier, Filzstifte
Klebstoff
Faden zum Aufhängen

Um einen runden Bierfilz (∅ 10,8 cm) 3 Kreise auf schwarzes Tonpapier zeichnen und ausschneiden. Einen Kreis zur Hälfte falten und im Bruch durchschneiden. Nun den Kopfkreis ca 2,5 cm auf den Bauchkreis kleben, die beiden Halbkreise als Flügel auf die Rückseite des Körpers, so daß die Flügelspitzen unten etwas schräg abstehen.
Auf die entsprechenden Farben Tonpapier Augen, Schnabel und Füße aufmalen, ausschneiden und aufkleben. Zum Schluß schwarze Pupillen auf die Augen malen, und die Krähe ist fertig.
Die Krähe kann auch aus buntbedrucktem Tapetenpapier gebastelt werden. *(G. Erhardt)*

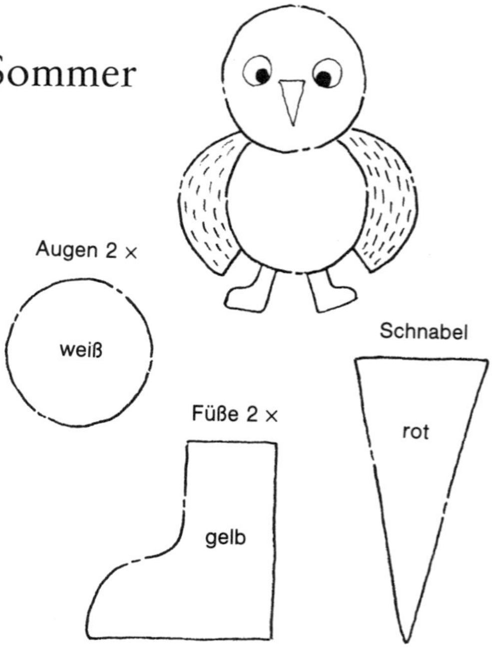

Klammer-Segler

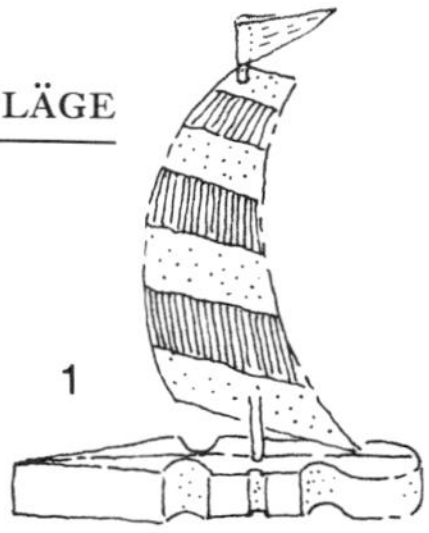

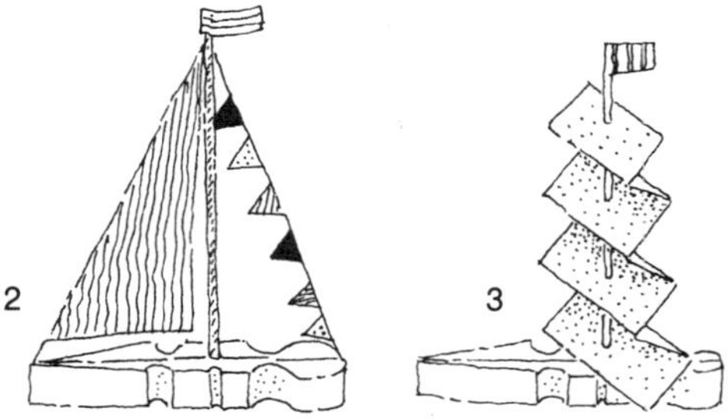

Material:
Bastelklammern
Trinkhalm
Schreib- oder Buntpapier
Perlgarn

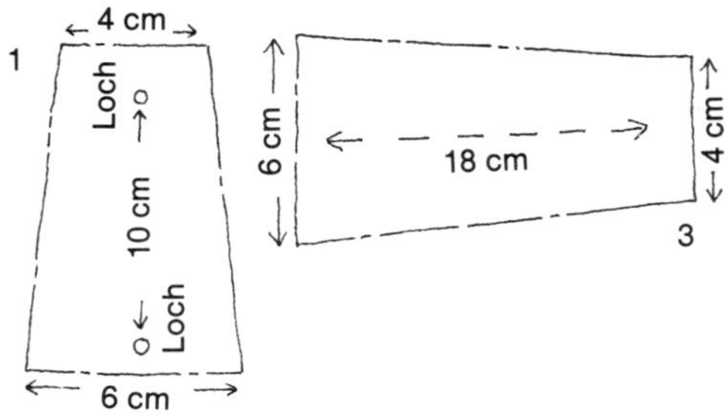

Drei Beispiele zeigen, wie verschieden die Segler aussehen können. Für den Rumpf werden bei jedem Schiff zwei Bastelklammern an den geraden Seiten zusammengeklebt, in das Loch ein 11 cm langer Trinkhalm.
Das Segel des Schiffes 1 nach den angegebenen Maßen aus Schreibpapier zuschneiden und mit Filzstiften bemalen. Mit der Lochzange 2 Löcher ausstanzen und den Mast durchstecken. (Breite Seite nach unten.) Damit das Segel nicht herausrutscht, eine Fahne oder einen Wimpel an der Mastspitze festkleben.

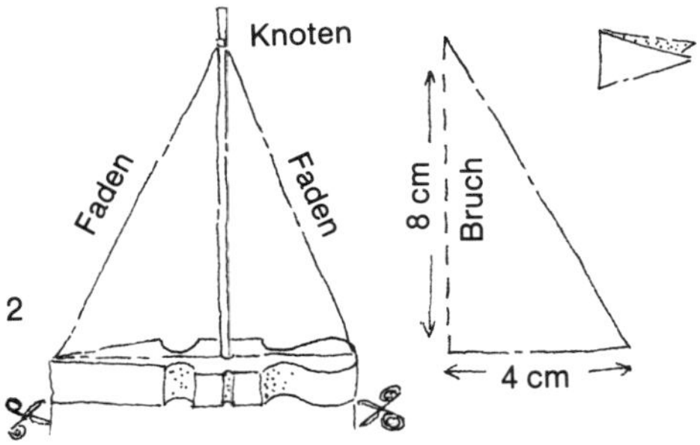

Bei Schiff 2 vor dem Zusammenkleben des Rumpfes einen Faden 1 cm unter der Mastspitze verknoten und mit Klebstoff sichern. Dann die Fadenenden an Bug und Heck zwischen die Klammern kleben und nach dem Trocknen abschneiden.
Das Segel aus Buntpapier zuschneiden, im Bruch über den Bugfaden legen und zusammenkleben. Den Heckfaden mit kleinen Wimpeln schmücken.
Wimpel und Fahnen im Faltschnitt herstellen.
Für den Windjammer 3 das Segel nach den Maßen aus weißem Schreibpapier zuschneiden und in 2 cm breite Treppen falten. Die Falten genau in der Mitte lochen und den Mast durchstecken. Erst jetzt die Falten auseinanderziehen. An die Mastspitze eine Fahne oder einen Wimpel ankleben.

(G. Erhardt)

Verlorene Sonne im grünen Meer

Dazu braucht ihr für 6 Personen:
6 Becher Vollmilch-Joghurt
3 Äpfel
1–2 Eßl. Honig oder Ursüße
Dill, Majoran und Petersilie nach Geschmack
Ihr wascht und zerteilt die Äpfel und entfernt das Kerngehäuse. Einige Kräuterblätter legt ihr zum Garnieren zur Seite.
Dann püriert ihr die Apfelstücke mit dem Joghurt und dem Honig bzw. der Ursüße. Ihr bekommt eine schaumige grüne Soße.
Mit etwas Kräutersalz und Pfeffer schmeckt ihr sie ab.
Stellt sie im Eisschrank kühl.
Wenn ihr sie in Schüsselchen serviert, garniert ihr sie mit den Kräutern und streut Sonnenblumen- und geschnittene Pinienkerne oben drauf.
Diese Sommersuppe kühlt und erfrischt besser als Eis!

Und was ruft ihr den untersinkenden Kernen zu?

Sonne, Sonne, komm doch her
aus dem kühlen grünen Meer!
Aus der Tiefe komm hervor,
fisch die Kerne schnell empor!

Wir beten und danken

Im August fahren wir oft ans Wasser, an einen See oder ans Meer. Wie warm der heiße Sand unter den Füßen ist! Wir schaufeln eine hohe Burg. Dann buddeln wir im Sand einen Tunnel für unsere Autos und einen Hafen für unsere Schiffe. Ich kann schon ein bißchen schwimmen. Darum habe ich auch keine Angst mehr vor dem Wasser. Manchmal tauche ich und freue mich über die glitzernden Steine und die grünen Algen auf dem Meeresgrund.
Voll Wunder ist deine schöne Welt, lieber Gott! Die glitzernden Sonnenflecken auf dem Wasser, die Fische und die grünen Pflanzen auf dem Meeresboden, alles kommt von dir! Wir danken dir dafür!

Danklied im August

Im August gibt es hitzefrei
und rotes Himbeereis,
auch schöne lange Sommerferien
und Sonne, hell und heiß.

Wir planschen in der blauen Flut
und buddeln tief im Sand.
Wir spüren dankbar: Gott ist da,
es hält uns seine Hand.

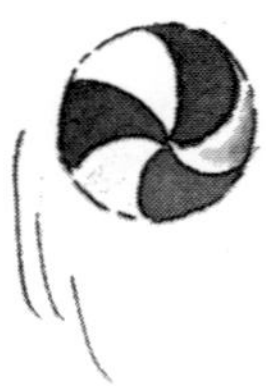